T0210063

Fit for Future

Reihe herausgegeben von

Peter Buchenau
The Right Way GmbH
Waldbrunn, Deutschland

Die Zukunft wird massive Veränderungen im Arbeits- und Privatleben mit sich bringen. Tendenzen gehen sogar dahin, dass die klassische Teilung zwischen Arbeitszeit und Freizeit nicht mehr gelingen wird. Eine neue Zeit – die sogenannte „Lebenszeit" – beginnt. Laut Bundesregierung werden in den nächsten Jahren viele Berufe einen tiefgreifenden Wandel erleben und in ihrer derzeitigen Form nicht mehr existieren. Im Gegenzug wird es neue Berufe geben, von denen wir heute noch nicht wissen, wie diese aussehen oder welche Tätigkeiten diese beinhalten werden. Betriebsökonomen schildern mögliche Szenarien, dass eine stetig steigende Anzahl an Arbeitsplätzen durch Digitalisierung und Robotisierung gefährdet sind. Die Reihe „Fit for future" beschäftigt sich eingehend mit dieser Thematik und bringt zum Ausdruck, wie wichtig es ist, sich diesen neuen Rahmenbedingungen am Markt anzupassen, flexibel zu sein, seine Kompetenzen zu stärken und „Fit for future" zu werden. Der Initiator der Buchreihe Peter Buchenau lädt hierzu namhafte Experten ein, ihren Erfahrungsschatz auf Papier zu bringen und zu schildern, welche Kompetenzen es brauchen wird, um auch künftig erfolgreich am Markt zu agieren. Ein Buch von der Praxis für die Praxis, von Profis für Profis. Leser und Leserinnen erhalten „einen Blick in die Zukunft" und die Möglichkeit, ihre berufliche Entwicklung rechtzeitig mitzugestalten.

Weitere Bände in der Reihe
https://link.springer.com/bookseries/16161

Daniela Landgraf

Beratung in der Finanzbranche

Wie sich der Vertrieb
von Finanzprodukten
zukunftsfähig macht

Daniela Landgraf
Hamburg, Deutschland

ISSN 2730-6941   ISSN 2730-695X   (electronic)
Fit for Future
ISBN 978-3-658-34950-9   ISBN 978-3-658-34951-6   (eBook)
https://doi.org/10.1007/978-3-658-34951-6

Die Deutsche Nationalbibliothek verzeichnet diese Publikation in der Deutschen Nationalbibliografie; detaillierte bibliografische Daten sind im Internet über http://dnb.d-nb.de abrufbar.

Planung/Lektorat: Nora Valussi
Springer Gabler ist ein Imprint der eingetragenen Gesellschaft Springer Fachmedien Wiesbaden GmbH und ist ein Teil von Springer Nature.
Die Anschrift der Gesellschaft ist: Abraham-Lincoln-Str. 46, 65189 Wiesbaden, Germany

Inhaltsverzeichnis

1

Einleitung

Nichts ist so konstant wie die Veränderung – das gilt
bereits seit vielen Jahren, fast Jahrzehnten in der Finanzbranche. Die Veränderungen der letzten Jahre waren nicht
nur durch die zunehmende Digitalisierung, sondern vor
allem auch durch zahlreiche gesetzliche Regularien und
durch die Veränderung der Finanzwelt im Allgemeinen
bestimmt.

Als ich vor knapp 30 Jahren meine Ausbildung bei der
Allianz-Versicherung AG begonnen habe, fuhr ich noch
mit diversen manuellen Tarif-Ordnern zum Kunden
und habe Versicherungsangebote mit dem Taschen-
rechner berechnet. Für die Berechnung von Beiträgen
oder Ablaufleistungen von Lebens- und Rentenversicherungen gab es eine spezielle Art von Taschenrechnern,
in die verschiedene Module mit entsprechenden Rechen-
programmen eingesetzt werden konnten. Als die ersten
Laptops kamen, war das eine große Sensation und es

veränderte sich viel im Finanzvertrieb. Doch einiges blieb noch lange Zeit so, wie es die Jahrzehnte vorher auch war.

In vielen Fällen gab es einen reinen Produktverkauf. Heute wurde die Hausratversicherung verkauft, morgen die Lebensversicherung und übermorgen der Bauspar-vertrag. Das Geld der Kunden wurde in verschiedene Produkte angelegt mit dem Ziel, dieses zu vermehren. Mal war der eine Investmentfonds angesagt, mal der andere. Die Storys, warum der Kunde seine Fonds switchen sollte, ähnelten sich immer wieder: Entweder sollten Gewinne mitgenommen und das Geld in einen anderen Fonds investiert werden, es sollten Verluste begrenzt werden oder es gab einfach einen aussichtsreicheren Investmentfonds. So wurde zum Beispiel vom deutschen Markt in den internationalen Markt gewechselt (und wieder zurück), dann kamen irgendwann Branchen- und Länderfonds auf und es wurden immer spannendere Anlageformen kreiert. Dabei ging es leider in vielen Fällen vor allem um Provisionseinnahmen.

Ich wechselte übrigens 1996 von der Versicherung in die Bankenwelt und fing bei der Deutschen Bank AG an. Doch auch dort ging es zunächst hauptsächlich um Produktverkauf. Mal gab es die Bausparwochen, mal die Altersvorsorgewochen und dann wieder die Sachver-sicherungswochen.

In den letzten zwei Jahrzehnten ist die Branche mehr und mehr dazu übergegangen, in Konzepten zu arbeiten. Doch nach wie vor gibt es hier viel Nachholbedarf und ein Umlernen der Vermittler – weg von Produkten, hin zum Finanzmanager des Kunden – ist gefordert.

Die letzten 15 Jahre waren geprägt von zahlreichen Regularien durch die EU. Und das ist auch gut so.

Die Zeiten, wo am Telefon Investmentfonds „gedreht" wurden, sind lange vorbei. Ich habe sie noch kennengelernt – die Zeiten, in denen wir als Berater unsere Kunden anriefen und ihnen erzählten, dass sie Fonds A lieber verkaufen und dafür Fonds B kaufen sollten. Begründungen dafür gab es übrigens genug, meistens waren es jedoch, wie weiter vorne im Kapitel schon geschrieben, nur zwei: „Gewinnmitnahme" oder „Verlustbegrenzung".

Fast jährlich kamen in den letzten Jahren neue Regularien und Gesetze für die Finanzbranche hinzu. Der Beruf des Finanz-/Vermögens- und Finanzierungsberaters ist eine Tätigkeit, die ständige Weiterbildung erforderlich macht.

Laptops, Smartphones, Tablets etc. sind in der Finanzberatung inzwischen selbstverständlich. Die Digitalisierung hat die Branche voll im Griff. Videoberatungen haben spätestens seit dem Jahr 2020 an Bedeutung massiv zugenommen.

Wie wird sich die Finanzbranche in Zukunft weiter verändern?

Warum ist es wichtig, sich gerade jetzt entsprechend auf diese Zukunft vorzubereiten?

Mehr dazu erfahren Sie in diesem Buch.

Ein kleiner Hinweis noch: Ich verwende abwechselnd die Begriffe Berater, Vermögensberater, Finanzberater und andere. Für mich haben diese Begriffe und Bezeichnungen keine besondere Zuordnung oder Bewertung. Es soll jeweils als Synonym für Berater*innen in der Finanzbranche stehen – unabhängig davon, ob Sie Vermögensanlagen, Kapitalanlagen, Versicherungen oder Finanzierungen vermitteln. Selbstverständlich sind jeweils Menschen aller Geschlechter gemeint: weiblich, männlich und divers.

Im Laufe des Buches kommen einige Expertinnen und Experten aus der Finanzbranche zu Wort. Diese möchte ich Ihnen an dieser Stelle schon einmal vorstellen:

1. **Roland Perschke,** Bankkaufmann und Diplom-Wirtschaftsjurist (FH). Vorstand und Gesellschafter der GOING PUBLIC! Akademie für Finanzberatung AG (www.going-public.edu)
2. **Dr. Klaus Möller,** Vorstand der DEFINO Institut der Finanznorm AG (https://defino.de)
3. **Christine Müller,** Mitgründerin der Ökobank, Vertreterin der Genossenschaft und seit 1995 selbstständig mit ihrer Firma mercurion Asset Management GmbH & mercurion real estate (www.mercurion.de)
4. **Dani Parthum,** Diplom-Ökonomin, Finanzanlagenfachfrau, Geldcoach für Frauen, Journalistin, Finanzbloggerin (https://geldfrau.de)
5. **Wiebke Schattschneider,** Diplom-Bankbetriebswirtin (BA), seit 1989 in der Finanzbranche tätig, selbstständig seit 2013 und seit 2018 als Financial Consultant unter dem Haftungsdach der FiNUM. Private Finance AG (https://www.finum.de/berater/w-schattschneider/)
6. **Dörte Kruppa,** Regionaldirektionsleiterin bei der Deutschen Vermögensberatung AG, seit 21 Jahren in der Finanzbranche (https://www.dvag.de/doerte.kruppa/)
7. **Silke Bittmann,** seit 29 Jahren in der Finanzbranche tätig, seit 2014 selbstständig als unabhängige Finanzmaklerin. Ihre Schwerpunktthemen sind Kapitalanlagen mit Nachhaltigkeit und sozialer Verantwortung (https://silke-bittmann.de)

2

Maschine contra Mensch

2.1 Finanzberatung früher und heute

Es war einmal …

Es begab sich zu der Zeit, als es noch kein Internet gab. Auch da gab es schon Menschen, die Geld anlegen wollten, Kredite benötigten oder Versicherungen abgeschlossen haben. Doch früher ging ohne den Berater gar nichts. Für Geldgeschäfte ging man zur Bank, für Versicherungen zum Versicherungsvertreter um die Ecke. Es menschelte sehr! Manche Kunden holten sich verschiedene Angebote von unterschiedlichen Anbietern ein, doch das war zeitintensiv. Andere wiederum vertrauten ihrem Berater voll und ganz. Es war ihnen egal, ob es ein paar Mark (ja, früher gab es auch noch die D-Mark) teurer war oder nicht. Bedingungsvergleich? Fehlanzeige. Privathaftpflicht war Privathaftpflicht, das Auto wurde standardmäßig aufgrund von

© Der/die Autor(en), exklusiv lizenziert durch Springer Fachmedien Wiesbaden GmbH, ein Teil von Springer Nature 2021
D. Landgraf, *Beratung in der Finanzbranche,* Fit for Future,
https://doi.org/10.1007/978-3-658-34951-6_2

Marke und PS versichert (und es war egal, wo es nachts abgestellt wurde, wer es fährt etc.) und Bankprodukte wurden über die Zinsen verglichen.

Das ist heute anders. Der Finanzmarkt gleicht einem riesengroßen Kaufhaus. Jedes Produkt bietet unendlich viele Möglichkeiten, Optionen mit hinzuzubuchen oder abzuwählen. Normierung? Gibt es kaum noch. Der Dschungel von Finanzprodukten ist kaum noch überschaubar.

Seit 2012 wird der Finanzmarkt mehr und mehr reguliert. Die Vermittler mussten sich ständig auf neue Gesetze und Vorgaben einstellen.

Die Zeit, in der Unternehmen Vermittler in Wochenendkursen zu Finanzberatern ausgebildet und nur auf bestimmte Produkte geschult haben, um sie im Anschluss daran gleich zum Kunden zu schicken, sind lange vorbei.

Auch Kunden können in der Regel nicht mehr „einfach" so irgendein Finanzprodukt kaufen.

Die Wünsche des Kunden müssen von Gesetzes wegen erfragt werden (gute Berater haben das auch schon vor der ganzen Novellierungs- und Regulierungswelle getan), Beratungsprotokolle sind in vielen Fällen Pflicht und im Finanzanlagebereich kann ein Kunde nicht mehr einfach so irgendeinen Fonds oder ein paar Aktien kaufen. Er muss Fragen über Fragen über sich ergehen lassen – über seine Kenntnisse, seine Erfahrungen, seinen Anlagezeitraum, seine Risikobereitschaft und vieles mehr.

All das, was in den letzten 15 bis 20 Jahren am Finanzmarkt passiert ist, und die andauernden ständigen Veränderungen bieten Riesenchancen, bringen aber auch einige Probleme mit sich. Der Gesamtmarkt ist komplexer geworden, Gesetze, Leitlinien und Regularien müssen vonseiten eines Vermittlers eingehalten werden. In jedem Teilbereich gibt es andere Gesetze und Vorgaben (Versicherungs-, Finanzanlage- und Immobiliardarlehens-Vermittlung) und es müssen extra Zulassungen beantragt und teilweise (je nach vorheriger Berufsausbildung) sogar jeweils separate IHK-Prüfungen abgelegt werden.

Im Großen und Ganzen ist das auch gut so – denn es geht immerhin um das Geld des Kunden. Vermögen kann durch die falsche Kapitalanlageberatung schnell massiv reduziert werden.

Kredite können nicht nur zur Überschuldung, sondern auch zur Insolvenz führen. Auch im Versicherungsmarkt gibt es einen fast undurchschaubaren Dschungel an Angeboten und Tarifen. Kaum ein Laie steigt noch durch und viele sind mit dem Dschungel an Möglichkeiten überfordert.

Auch Berater stehen immer wieder vor der Herausforderung: Was rät der Berater einem Kunden, wenn er feststellt, dass der Bedarf an Absicherung zu hoch für das Budget des Kunden ist?

Ein Hinweis am Rande: Ich werde in diesem Buch vor allem vom Berater oder von der Beraterin sprechen. Selbstverständlich sind auch die Vermittler gemeint. In diesem Beruf Tätige kennen den Unterschied zwischen Berater*in und Vermittler*in, darauf gehe ich nicht weiter ein, da es kein Ausbildungsbuch sein soll, sondern ein Buch darüber, wie Sie sich für die Zukunft in der Finanzbranche optimal aufstellen können.

Wagen wir mal einen Blick auf die Kundenseite
Kunden sind heutzutage wesentlich aufgeklärter als früher. Zahlreiche Vergleichs- und Berechnungsportale machen

es dem Kunden leicht, Angebote zu vergleichen und auf die Schnelle Finanzprodukte im Netz abzuschließen (nach der Beantwortung der entsprechenden, gesetzlich vorgegebenen Fragen).

Diese Portale werden immer intelligenter und es sind häufig keine reinen Zahlen-Daten-Fakten-Berechnungsmaschinen mehr, sondern der Kunde kann per Chat sofort Fragen loswerden. Teilweise führt künstliche Intelligenz so gut durch den Beratungsprozess, dass ein menschlicher Berater zunächst gar nicht mehr vermisst wird. Bei komplexeren Themen, wie z. B. bei einer Immobilienfinanzierung, bekommen Kunden im Anschluss an den digitalen Prozess auch einen (menschlichen) Berater zugeordnet, der sie beim Gesamtprozess unterstützt. Sehr konditions- und kostenbewusste Kunden bevorzugen häufig das reine Online-Geschäft. Es geht in vielen Fällen einfach, schnell und unkompliziert. Diese Kunden sind sicherlich größtenteils für den „klassischen" Berater (ich sage in Folge auch stationärer Vertrieb oder Ansprechpartner vor Ort) verloren. Damit müssen sich Berater abfinden.

Manch einem rein konditionsorientierten Kunden ist die günstigste Kondition wichtiger als eine individuelle Beratung und Betreuung, vor allem im Privatkundengeschäft.

Versicherungs-, Finanz- und Finanzierungslösungen für Gewerbetreibende und Unternehmen sind da wesentlich komplexer und individueller und rein digital kaum möglich.

Doch der Dschungel an unterschiedlichen Möglichkeiten und die Vielzahl der Produkte bieten wiederum genau die Chance, dass Kunden den Berater vor Ort gegenüber einem anonymen Beratungsportal bevorzugen. Spätestens, wenn es komplizierter wird und der Kunde nicht mehr ein Produkt „von der Stange" kaufen möchte, kommt ein Berater aus „Fleisch und Blut" wieder ins Spiel.

2.2 Entwicklungen in der Finanzierungs-, Versicherungs- und Anlageberatung

Kennen Sie das?

Kommt ein Kunden zum Finanzierungsberater und sagt: „Ich habe mir schon mal ein paar Finanzierungs-Angebote im Internet eingeholt. Geht das noch günstiger?" Doch die vom Kunden genannten Konditionen sind so absurd niedrig, dass der Berater absolut nicht mithalten kann.

Bei solchen Internetangeboten bleiben relevante Punkte häufig unberücksichtigt, z. B. Zinsbindungszeit, Gesamtlaufzeit, Höhe der Tilgung, Beleihungswert des Objektes, richtige Angabe von Vermögen und Verbindlichkeiten etc. Die Kondition und die Wahrscheinlichkeit der Genehmigung hängen von sehr vielen Faktoren ab.

Viele Kunden gehen den Weg mit Online-Portalen sogar recht weit und verzweifeln irgendwann an der Flut der einzureichenden Unterlagen. Ein besonders böses Erwachen kann es geben, wenn alle Unterlagen eingereicht worden sind und es dann im Nachhinein heißt: „Ach ja, die ausgewählte Bank können wir aus diesen oder jenen Gründen doch nicht wählen ... die Kondition erhöht sich um x%." Dann geht das Spiel von vorne los. Dabei verliert der Kunde manchmal viel wertvolle Zeit. Und manch einer stellt fest, dass es sinnvoll gewesen wäre, direkt zum Profi vor Ort zu gehen, denn in der Zwischenzeit wurde das Objekt der Begierde anderweitig verkauft.

Kunden, für die das wichtigste Kriterium das Thema Kondition ist, sind bei den Internetportalen gut aufgehoben. Manch einen dieser Kunden würden Sie als Berater*innur bekommen, wenn Sie Dumping-Konditionen anbieten. Wollen Sie das wirklich? Ihre Arbeitszeit ist wertvoll und muss vernünftig durch ein Honorar oder durch Provision bezahlt werden.

Konzentrieren Sie sich auf die Menschen, die für Beratung und Betreuung dankbar sind.

Auch im **Versicherungsbereich** haben sich in den letzten Jahren mehr und mehr Vergleichsportale im Internet entwickelt. Ein Kunde kann ganz schnell per Mausklick einen Vertrag abschließen. Die Situation ist hier sehr ähnlich wie in der Finanzierungsberatung. Doch passt das abgeschlossene Produkt zu dem Bedarf des Kunden? Kennt der Kunde überhaupt seinen Bedarf? Wie soll er gezielt nach etwas suchen, was er vielleicht noch gar nicht kennt? Vergleichbar wäre das mit der Aufforderung einer blinden Person, sich ein blaues Kleid auszusuchen. Sie hat vielleicht eine Vorstellung von dem, was sie sucht, und kann mit etwas Rest-Augenlicht oder mit dem Ertasten auch erkennen, dass es sich um ein Kleid handelt. Doch bei dem Griff nach der richtigen Farbe könnte es schwierig werden.

Meine These: Der Berater wird langfristig für beratungsintensive Produkte definitiv nicht überflüssig. Er muss sich jedoch gewaltig umstellen. Sehr provisionsträchtige Produkte, wie klassische Lebens- und Rentenversicherungsprodukte, haben nicht nur an Attraktivität, sondern auch an Vertrauen verloren. Weniger beratungsintensive Produkte unterliegen einem starken Wettbewerbs- und somit Preisdruck.

Das könnte dazu führen, dass das Thema Honorarberatung immer mehr in den Fokus rückt. Doch gerade bei diesem Thema gibt es sehr unterschiedliche Meinungen am Markt, von denen Sie im späteren Verlauf des Buches noch lesen werden.

Auch in der **Anlageberatung** sieht es ähnlich aus. Manch ein Kunde tut sich vielleicht leichter damit, all seine persönlichen Daten, Wünsche, Erfahrungen und Kenntnisse im anonymen Netz zu speichern und sie der Bank zu übermitteln, als sie einem Berater gegenüber offenzulegen. Andere Kunden wiederum sind skeptisch und fragen sich, was mit ihren Daten im Netz passieren könnte.

Die nächsten Kunden sind allein mit der Fülle an Fragen und Pflichtangaben gänzlich überfordert und flüchten zurück zu einem Berater aus Fleisch und Blut.

Deswegen wird es auch im Anlagebereich weiterhin „menscheln" und eine Maschine wird den Faktor Mensch nicht ersetzen können.

2.3   Statements aus der Branche

Silke Bittmann, Anlageberaterin

Sie ist seit 29 Jahren in der Finanzbranche tätig und seit 2014 selbstständig mit ihrer eigenen Firma. Ihre Schwerpunktthemen sind Kapitalanlagen mit Nachhaltigkeit und sozialer Verantwortung. Beim Thema Digitalisierung sieht sie weniger die Gefahr der Beratungsportale, sondern vielmehr die Chancen für Vermittler*innen. Digitalisierung bedeutet für sie vor allem Arbeitserleichterung.

Zitat:

Ich sehe die Digitalisierung sehr positiv. Das beginnt mit den Online-Unterlagen, über digitale Unterschriften, bis hin zur kompletten digitalen Vermögensverwaltung. Viele gute Möglichkeiten, dem Geld einen sinnvollen Auftrag zu geben, einfach, transparent mit dem PC oder Handy. Eine große Arbeitserleichterung für Vermittler!

Dörte Kruppa, Vermögensberaterin

Sie ist Regionaldirektionsleiterin bei der Deutschen Vermögensberatung AG und bereits seit mehr als 21 Jahren in der Branche tätig. Sie sieht die Chancen der

Digitalisierung, unter anderem aus dem folgenden Blickwinkel heraus:

Banken schließen immer mehr Filialen und tausende Jobs fallen weg. Dies ist konträr zu einem immer mehr steigenden Beratungsbedarf der Menschen. Niedrigzins in der Finanzierung, Minuszins auf Konten und Einlagen, Angst vor Altersarmut und eine immense Informationsflut sind nur wenige Beispiele, warum Menschen von Menschen maßgeschneidert beraten werden möchten.

Frau Kruppa, Sie sehen also vor allem die Chancen, richtig? Welche Chancen sehen Sie konkret und gibt es auch Risiken für Berater*innen?

Die Chancen als kompetenter Berater und Ansprechpartner sind meiner Meinung nach hervorragend.

Ich sehe die Chancen vor allem in den Grundbedürfnissen der Menschen. Vertrauen, Loyalität und ernst genommen werden sind einige davon. Wenn eine Beraterin empathisch mit einem Kunden an seiner Zielverwirklichung arbeitet, kann dies auch auf Dauer nicht durch Maschinen ersetzt werden. Die Digitalisierung ist Problem und Chance in einem. Wenn Unternehmen und einzelne Berater nicht für ihre Digitalisierung sorgen, sorgt dies dafür, dass sie wahrscheinlich nicht mehr lange existieren. Die Kunden von heute und morgen erwarten z. B. die Möglichkeit einer Videoberatung oder einer digitalen Unterschrift. Hier sehe ich gerade in Anbetracht des Altersdurchschnitts der Berater in Deutschland einige Herausforderungen.
    Ich sehe aber auch Risiken:
    Durch die digitale und mediale Informationsflut und den zunehmenden „Do-it-yourself-Trend" sehe ich große Risiken.

So wird auch in auflagestarken Tageszeitschriften geraten, seine Altersvorsorge in ETFs zu investieren oder ganz einfach über Apps Rendite über Kryptowährungen zu generieren. Es erinnert an die „Geiz-ist-geil-Kampagnen" und ist meines Erachtens sehr gefährlich. Gesellschaftlich sollte hier ein Wandel der Anerkennung der Tätigkeit des qualifizierten Beraters und seiner Prüfungen und IDD-Zeiten angestrebt werden. Berater sollten in der heutigen VUCA-Welt (Volatilität, Unsicherheit, Komplexität und Mehrdeutigkeit) mehr denn je ein offenes Ohr für Trends und Bedürfnisse der Kunden aufbringen. Nachhaltige Geldanlagen z. B. werden in Zukunft immer mehr Bedeutung finden. Generell denke ich, dass die staatlichen Förderungen z. B. für die private und betriebliche Altersvorsorge zunehmen werden.

Christine Müller, Financial Planner

Sie ist Financial Planner und Vorbild im Sinne des Wortes oder wie die Amerikaner sagen – first and founder. Sie war Mitbegründerin der Ökobank e.G. und hat sich zunächst ehrenamtlich – wie für verheiratete Mütter kleiner Kinder seinerzeit nicht unüblich – als Vertreterin der Anteilseigner im Verein Freunde und Förderer der Ökobank e. V. engagiert. Als Gastrednerin auf Messen und sonstigen Treffpunkten beantwortete sie Fragen rund um das Thema „Grünes Geld". 1995 eröffnete sie aufgrund der zunehmenden Nachfrage zusammen mit einer Münchner Juristin in Hamburg die Agentur „Geld – Ideen – Konzepte. Ökobank Produkte".

Frau Müller, wie ist Ihr Blickwinkel auf das Thema Digitalisierung? Was ist das Positive daran?

Mit der Digitalisierung erfahren wir nie dagewesene Informationsmöglichkeiten in allen Themen, verwaltenden Aufgaben und sie kommt einher mit neuen Anforderungen an Kommunikation. Sie kann spannend und voller willkommener Vereinfachungen sein. Eine Garantie ist sie nicht. Die Auswirkungen der Digitalisierung und ihre wirtschaftlichen Folgen hatten die Ökobanker unterschätzt. Aufgrund ihrer Erfolge als sogenannte Graswurzelbewegung* haben sie sich in das teure, veraltete Modell einer Universalbank verrannt. In Folge wurde sie von der GLS Bank übernommen. (*Graswurzelbewegung = Basisbewegung, politische oder gesellschaftliche Bewegung, die aus der Basis der Bevölkerung entsteht). Ein ehemaliger Ökobanker hingegen hat mithilfe der Digitalisierung die UmweltBank gegründet und zu einem Wachstumsmodell gemacht, welche bisher ohne weltanschaulichen Überbau reüssieren konnte. Doch inzwischen stellen sich alte Fragen neu.

Mit Bitcoins, der hohen Staatsverschuldung und dem Versagen von Kontrollen im digitalen Dschungel sehen wir bereits neue Verwerfungen, wie sie im Libor-Skandal, bei Wirecard oder Cum-ex-Geschäften über Jahre entstehen konnten und dem sich wider besseres Wissen niemand effektiv und schadenminimierend entgegenstellen konnte. Wenn Gewinn und Einkommen über alles gestellt werden, entsteht eine Brutstätte für Kriminelle und kriminelle Energie, da das Gegengewicht als ein Regelwerk von Fairness, Rechtmäßigkeit und Angemessenheit nicht gleichermaßen gewachsen ist. Nur wo kein Täter ist, ist auch kein Opfer. Die Rolle des Staates (der Staaten), sein Nutzen für seine Bürger, bleibt dem Bürger teilweise verborgen. Das gute und hilfreiche Verständnis vom Datenschutz steht für die erahnten und gewissen Gefahren, in denen die Weltwirtschaft navigiert. Es ist und bleibt eine Herausforderung. Für jeden von uns.

2.4 Fazit

Um zukunftsfähig zu bleiben, sollte ein Berater/eine Beraterin …

- die Kunst der richtigen Fragen beherrschen, um dem Kunden optimale Lösungen anbieten zu können.
- hervorragende Marktkenntnisse haben.
- hervorragende Kontakte zu Kooperationspartnern und gute Anbindungen zu Produktgebern haben.
- schnell und zuverlässig handeln. Schnelligkeit ist mehr denn je ein wichtiger Erfolgsfaktor.
- sich mit anderen Beratern vernetzen oder im eigenen Unternehmen klare Vertretungsregeln haben, damit Schnelligkeit auch dann gewährleistet werden kann, wenn der Berater selbst mal verhindert ist.
- sich gut mit den Förderprodukten auskennen.
- komplexe Lösungen einfach erklären können.
- digitale Beratungs- und Betreuungsmöglichkeiten anbieten.

Die Zukunft der Beratung ist digital, aber dennoch menschlich!

Menschen wollen von Menschen beraten werden und nicht von Maschinen. Die Digitalisierung erleichtert vieles. Wie trotz zunehmender Digitalisierung und des zunehmenden Trends von Videoberatungen dennoch Vertrauen zum Kunden aufgebaut werden kann, erfahren Sie in Kap. 6. Digitale Vergleichsportale sind sinnvoll und ein toller Anhaltspunkt für suchende Kunden. Doch sie sind häufig nicht zielführend. Der Mensch als Berater wird weiterhin ein wichtiger Faktor bleiben.

Eine letzte Frage bleibt

Ist die zunehmende Digitalisierung Fluch oder Segen? Wahrscheinlich beides gleichermaßen. Weil es ein so wichtiges Thema ist, welches auch nicht mehr aus dem Beratungsalltag wegzudenken ist, wenden wir uns diesem in Bezug auf die Beratung und den Beratungsalltag noch einmal in Kap. 6 zu. Dort geht es vor allem um die Möglichkeiten, die Sie als Berater*innen und Vermittler*innen nutzen können, denn die Digitalisierung bietet viele Möglichkeiten und Chancen.

3

Gemeinsam statt einsam!

Einzelkämpfer haben durch all die Regularien kaum noch eine Überlebenschance! Wer netzwerkt oder sich zusammenschließt, hat in der Zukunft definitiv die besseren Chancen.

Der Markt ist komplex, die Regularien verlangen viel von Vermittlern: Analysebogen hier, Beratungsprotokoll dort, Risikoaufklärungsbogen, Datenschutzerklärungen, Schufa-Klausel, Geldwäschegesetz und vieles mehr sorgen für eine wahre Flut an Formalien. Provokativ könnte man fast schon sagen, vor lauter Bürokratie bleibt keine Zeit mehr für die Beratung und den Vertrieb. Berater und Vermittler können hier unterschiedliche Wege gehen, um weiterhin erfolgreich zu sein.

© Der/die Autor(en), exklusiv lizenziert durch Springer
Fachmedien Wiesbaden GmbH, ein Teil von Springer Nature 2021
D. Landgraf, *Beratung in der Finanzbranche,* Fit for Future,
https://doi.org/10.1007/978-3-658-34951-6_3

Viele Pools bieten all die wichtigen Formulare und Protokolle über ihre Plattformen an. Das vereinfacht die Arbeit und Bürokratie enorm. Eine andere Möglichkeit ist, sich einem Unternehmen oder einer Vertriebsorganisation anzuschließen, die alle notwendigen Beratungsprogramme und Formulare zur Verfügung stellt. Service kostet jedoch Geld. Die Provisionssätze in Vertriebsorganisationen sind geringer als bei einer Direktanbindung an einen Produktgeber. Dennoch lohnt es sich in vielen Fällen, weil die Arbeit einfach erleichtert wird.

3.1   Zwei unterschiedliche Beratergruppen

Seit Beginn der zahlreichen Regulierungen des Finanzvertriebs in den letzten zwei Jahrzehnten gibt es mehr und mehr die Tendenz zwischen zwei unterschiedlichen Beratergruppen:

1. Der Generalist
2. Der Spezialist

Der Generalist

Der Generalist ist quasi der Finanzcoach des Kunden. Er ist derjenige, der die Gesamtsituation des Kunden im Auge hat. Bei ihm laufen die Stränge zusammen. Er kennt die Einnahmen und Ausgaben des Kunden genauso wie sein Vermögen und seine Verbindlichkeiten. Er koordiniert die Versicherungsangelegenheiten und ist der erste Ansprechpartner vor Ort. Er hat einen Überblick über all die Themen des Kunden. Er hat ein weites Spektrum an Wissen. Es fehlt ihm jedoch teilweise die Tiefe des Wissens auf einem Spezialgebiet.

Sollte der Kunde nun ein bestimmtes Anliegen haben, wird der Spezialist dazugeholt. Solche vertiefenden Themen können beispielsweise dann auftreten, wenn der Kunde …

- eine Immobilie finanzieren möchte,
- eine größere Summe Geld anlegen möchte,
- seine Altersvorsorge optimal strukturieren möchte,
- Gesundheitsthemen oder die Familie absichern möchte
- und einiges mehr.

Der Spezialist

Der Spezialist ist Experte auf seinem Gebiet. Er kennt sich in seinem Fachbereich optimal aus, kann jedoch in der Regel zu den anderen Themenbereichen wenig sagen. Sein Wissen geht im Gegensatz zum Generalisten in die Tiefe.

Doch nicht nur im Bereich Spezialist – Generalist ist eine Teamarbeit sinnvoll, auch in vielen weiteren Bereichen.

Durch die zunehmende Digitalisierung wird das Beraterleben immer schnelllebiger. In Windeseile müssen manchmal Deckungs- oder Finanzierungszusagen gegeben werden.

Vielleicht sollen Investmentfonds genau am selben Tag noch erworben werden oder es muss ein Schadenfall aufgenommen und an die Versicherungsgesellschaft weitergeleitet werden.

Doch ein Mensch sollte nicht überall und ständig „on" sein, denn das kann auf Dauer zur Erschöpfung sowie zur Lustlosigkeit führen. Wenn sich Berater zusammentun, können sie sich nicht nur fachlich, sondern auch zeitlich gegenseitig unterstützen und vertreten – gemeinsam statt einsam.

Gerne zitiere ich hier eine aus Afrika stammende Weisheit: „Wenn du schnell gehen willst, dann gehe alleine. Wenn du weit gehen willst, dann musst du mit anderen zusammen gehen."

Oder wie die Autorin Anouk Ellen Susan es gerne verkürzt sagt: „Alleine bist du schneller, gemeinsam kommst du weiter!"

Mögliche Teamzusammenstellungen für eine optimale Zusammenarbeit

- **Team Generalist – Spezialist:** um Themen aufzuteilen und einen Mehrwert für alle Beteiligten zu schaffen.
- **Team Schnelligkeit:** Durch gemeinsames Backoffice können die Kosten geteilt werden.
- **Team Verbundenheit:** Vertretungsregelungen finden, sodass jede*r mal in den Urlaub fahren kann, ohne ständig „on" sein zu müssen.

Gemeinsamkeit ist die Zukunft! Wer Netzwerke hat, kommt weiter.

3.2   Gemeinsamkeit oder Konkurrenz?

Doch wie ist es mit dem Thema Konkurrenz? Wie sehr fürchten Sie selbst Konkurrenz?

Häufig entsteht der Gedanke an Konkurrenz aus einem Mangeldenken heraus. Er entsteht aus der Angst heraus, dass der Kuchen nicht groß genug ist und dass nicht genug Tortenstücke in beliebiger Größe für jeden da sind.

Wie wäre es hier mit einem Umdenken? Wie kann die Torte größer gestaltet werden? Wie können alle Beteiligten einen Mehrwert davon haben?

Mal angenommen, Sie gehen auf eine Netzwerkveranstaltung, wo viele Gleichgesinnte aus Ihrer Branche sind. Wie wäre es, wenn Sie Konkurrenzgedanken einfach draußen lassen und völlig ergebnisoffen sich mit jedem frei unterhalten? Was ist dann alles möglich? Welche gemeinsamen Projekte könnten geschaffen werden?

Umgang mit Konkurrenzgedanken und Neid

Doch was ist, wenn Sie den Konkurrenzgedanken nicht ganz über Bord schmeißen können? Was ist, wenn die Angst vor dem „nicht genug" zu groß ist?

Machen Sie sich dazu bitte Folgendes bewusst:

Konkurrenzgedanken (und übrigens auch Neidgedanken) entstehen meist durch einen Mangel oder durch eine Angst. Sie sind menschlich, deswegen ist es wichtig, sie nicht zu verdrängen, sondern tatsächlich zu bearbeiten. Doch wie kann das gehen?

Wenn Sie merken, dass es eine innere Stimme, einen inneren Anteil in Ihnen gibt, der die Konkurrenz befürchtet, der vielleicht sogar neidisch auf jemanden ist, dann beantworten Sie für sich bitte die folgenden Fragen:

1. Wie genau fühlt sich Neid oder das Gefühl von Konkurrenz an? Wo spüren Sie es im Körper? Was genau ist es, was dieses Gefühl verursacht?
2. Was genau befürchten Sie?
3. Mal angenommen, ein anderer ist erfolgreicher als Sie, wie geht es Ihnen damit? Was denken Sie darüber? Was fühlen Sie?
4. Mal angenommen, einer Ihrer Kunden geht zu einem anderen Berater, vielleicht sogar jemandem, den Sie selbst gut kennen. Welche Gedanken und Gefühle sind da?
5. Wie gut können Sie anderen zum Erfolg verhelfen? Und wie geht es Ihnen damit, wenn eine Person, der Sie zum Erfolg verholfen haben, plötzlich sogar erfolgreicher wird als Sie selbst, also quasi an Ihnen vorbeizieht?
6. Wie gut können Sie anderen etwas geben, z. B. Wissen, gute Ratschläge, Hinweise oder sogar Kunden?

Wie weiter oben schon geschrieben, liegen hinter Neid- oder Konkurrenzgefühlen häufig ganz andere Themen, z. B. Angst, Gier, Wut oder Selbstwert-Thematiken. Vielleicht liegen auch Enttäuschungserfahrungen dahinter. Vielleicht wurden Sie tatsächlich schon mal hintergangen oder benachteiligt.

Schauen wir uns den Sinn der Fragen noch einmal genauer an:

Fragen 1 bis 3

Zunächst einmal gilt es zu überprüfen, welche Emotion sich hinter Ihren Gedanken oder den Gefühlen tatsächlich verbirgt. Kommen die Gedanken an Konkurrenz aus dem Kopf, sind sie also kognitiver Natur? Sind sie vielleicht sogar berechtigt? Können Sie hier Strategien finden, um sich am Markt und gegenüber der Konkurrenz zu behaupten?

Oder ist es vielleicht eher ein Gefühl der Angst? Die Angst davor, nicht genug zu bekommen, nicht genug Geld zu verdienen, oder sogar Existenzängste? Entstehen die Konkurrenzbefürchtungen quasi aus einem Mangel heraus?

Vielleicht spüren Sie auch so etwas wie Wut darüber, dass ein anderer erfolgreicher ist als Sie selbst. Woher kommt die Wut? Ist es die Wut auf den anderen? Oder ist es vielmehr eine Wut, die sich gegen Sie selbst richtet, weil Sie mit Ihren eigenen Leistungen unzufrieden sind? Ist es vielleicht sogar Ihr Gewinner-Gen, das am liebsten immer der Größte, Beste, Schnellste, Erfolgreichste sein will? Könnte es eventuell auch mit Ihrem Selbstwertgefühl zu tun haben? Brauchen Sie den Erfolg oder das Gefühl, der Beste zu sein, für Ihr Selbstwertgefühl? Dieser Ehrgeiz ist vom Grundsatz her nicht verkehrt, um erfolgreich zu sein. Gefährlich wird es nur, wenn sich Ihr Selbstwertgefühl ausschließlich auf diesen äußeren Erfolgen aufbaut. Deswegen stelle ich in Coachings gerne die Frage:

Was bleibt von Ihnen übrig, wenn im Außen alles wegbricht?

Wie sehr definieren Sie sich über das Außen?

Ein Scheitern fühlt sich für niemanden gut an. Menschen mit einem gesunden Selbstwertgefühl stehen anschließend jedoch schnell wieder auf. Sie fühlen sich trotz des Scheiterns wertvoll und wissen, dass sie als Mensch dennoch genau richtig sind.

Menschen, die sich ausschließlich über das Außen definieren und sich nur wertvoll fühlen, wenn sie etwas leisten, brechen häufig nach dem Scheitern oder nach Verlusten erst einmal innerlich zusammen. Sie fühlen sich plötzlich ganz klein und vielleicht sogar als Loser. Ein Selbstwertgefühl, das also nur aufgrund von Erfolgen, Status, Geld etc. aufgebaut wird, könnte man vielmehr als Ego-Wertgefühl bezeichnen, denn die äußeren Erfolge stärken das Ego. Optimalerweise ist beides gleichermaßen da – das Selbstwertgefühl aus dem Inneren heraus und das Ego-Wertgefühl, welches das Selbstwertgefühl stützt, denn Erfolge tun den meisten Menschen gut.

Vergleichbar ist das Ganze mit Pflanzen: Viele Pflanzen können eine ganze Zeit lang aus sich selbst heraus auch ohne Wasser und teilweise auch ohne Licht überleben. Doch stetige Trockenheit (oder Dunkelheit) lässt auch die hartgesottenste Pflanze irgendwann eingehen. Manche Pflanzen sind stabiler, wie zum Beispiel der Löwenzahn, der selbst unter härtesten Bedingungen weiter existiert. Und manche Pflanzen sind die sprichwörtlichen Mimosen.

Wenn Sie also erkennen, welche Emotion oder welcher Mangel hinter der Angst vor Konkurrenz wirklich steckt, dann können Sie anfangen, als Erstes an sich selbst zu arbeiten.

Frage 4

Zugegeben, das ist wirklich für (ich behaupte) jeden erst einmal eine ziemlich unschöne Situation (es sei denn, man wollte genau diesen Kunden ohnehin loswerden …). Berater*innen und Vermittler*innen in der Finanzbranche leben nun mal von ihren Kunden. Jeder sollte als wertvoll angesehen werden.

Hintergrund der Frage:

Welche Gedanken gehen Ihnen durch den Kopf in einer solchen Situation?

Hinterfragen Sie die genauen Gründe? Reflektieren Sie, warum es passiert ist? Hinterfragen Sie, welchen Anteil Sie selbst daran tragen und ob Sie etwas bzw. was genau Sie verändern könnten, damit es nicht wieder passiert?

Wenn Sie das schon tun, dann: Herzlichen Glückwunsch. So geht Wachstum und Erfolg: sich selbst zu hinterfragen, die Gründe zu hinterfragen und solche Situationen als Lernaufgaben anzunehmen. Manchmal sind die Gründe auch ganz „banal": Vielleicht ist es „einfach nur" der Faktor Mensch. Es hat gar nichts mit Ihnen oder Ihrer Leistung zu tun. Der Kunde hat vielleicht einfach nur ein freundschaftliches Verhältnis zu dem anderen Berater aufgebaut oder die beiden sind mehr auf einer Wellenlänge und er fühlt sich vom anderen Berater einfach besser verstanden.

Deswegen: Hinterfragen Sie immer Ihre Gedanken. Was ist der erste Impuls, wenn ein Kunde sich für einen anderen Berater entscheidet? Zweifeln Sie an sich und Ihren Fähigkeiten? Oder sind Sie wütend auf den Kunden? Geben Sie mitunter dem anderen Berater die Schuld?

Raus aus den negativen Gefühlen, raus aus den Schuldzuweisungen. Schuldsuche bei sich selbst, beim Kunden oder bei dem Mitanbieter führen zu nichts, außer zur schlechten Laune. Negative Gefühle sind wie Gift im Körper und rauben Ihnen die Energie, die Sie vielleicht benötigen, um aus solchen Situationen zu lernen oder neue Strategien zu entwickeln.

Negative Gefühle blockieren die Kreativität und den Arbeitsflow.

Fragen 5 und 6

Wie gut können Sie geben? Oder anders gefragt: Wie gut können Sie geben, ohne eine Gegenleistung dafür zu erwarten?

Sollte man überhaupt bereitwillig all sein Wissen teilen und andere Menschen schlau machen? Würden Sie damit nicht die Konkurrenz stärken?

Nicht umsonst gibt es die Volksweisheit: Wissen ist Macht!

Bedeutet ein Vorsprung an Wissen nicht einen großen Wettbewerbsvorteil? Schaufeln Sie sich nicht Ihr eigenes wirtschaftliches Grab, wenn Sie Wissen großzügig teilen?

Vielleicht ...

Ja, vielleicht ist es wirklich nicht schlau, zu viel Wissen zu teilen.

Doch wie wäre es, wenn es vielfach zu Ihnen zurückkäme?

Ich möchte eine kleine Gedankenanregung mitgeben und freue mich, wenn Sie einmal für sich hineinspüren:

Wie fühlen sich die Worte „Geben und Nehmen" für Sie an? Welche Energie haben diese Worte?

Und nun spüren Sie hinein, wie sich die Worte „Schenken und Empfangen" anfühlen.

Merken Sie einen Unterschied in der Energie?

Diese Übung kommt von einer Methode, die sich „Access Consciousness" nennt, übersetzt: Zugang zum Bewusstsein.

Wie wäre es, wenn alles, was Sie anderen zum Beispiel an Wissen und positiver Energie schenken, vielfach von anderer Seite zu Ihnen zurückkommt?

Ich möchte Sie dazu ermuntern, dieses einmal auszuprobieren.

Aus eigener Erfahrung kann ich sagen: Seitdem ich das verinnerlicht habe, seitdem habe ich keinerlei Angst mehr vor Menschen, die ähnliche oder gleiche Produkte und Dienstleistungen anbieten. Im Gegenteil, es haben sich wundervolle Kooperationen voller Wertschätzung und gegenseitigem Gönnen – inklusive Feiern von Erfolgen – daraus entwickelt. Dafür bin ich sehr dankbar.

3.3   Fazit

Gemeinsam statt einsam – wer Netzwerke und Kooperationspartner hat, kommt weiter! Denken Sie an das afrikanische Sprichwort: Wenn du schnell gehen willst, dann gehe alleine. Wenn du weit gehen willst, dann musst du mit anderen zusammen gehen.

Das gilt auch für den Finanzvertrieb.

4

Generationen und Generationenkonflikte

Jung trifft Alt, Alt trifft Jung! Doch wie gut verstehen sie sich? Sie sprechen teilweise eine völlig andere Sprache und haben komplett andere Werte und Wertvorstellungen.

Kennen Sie das? Die Altvorderen wollen sich von den Jungspunden nichts sagen lassen! Die haben doch noch gar keine Ahnung, die sollen erst einmal die Eierschale ablegen und auf die grüne Wiese gehen.

Die Jungen können die Alten nicht verstehen … in ihren Traditionen, Angewohnheiten und so manches Mal in ihrer besserwisserischen Art und Weise.

Der Konflikt ist nicht neu! Der war schon immer da!

Doch aktuell gibt es noch ganz neue Konflikte. Die sogenannte Generation Z ist auf dem Arbeitsmarkt angekommen. Doch was ist die Generation Z und welche anderen Generationen gibt es? Sich damit zu beschäftigen, bringt viel Verständnis in die typischen Konflikte hinein.

© Der/die Autor(en), exklusiv lizenziert durch Springer Fachmedien Wiesbaden GmbH, ein Teil von Springer Nature 2021
D. Landgraf, *Beratung in der Finanzbranche*, Fit for Future,
https://doi.org/10.1007/978-3-658-34951-6_4

4.1   Definitionen von Generationen

Ein kurzer Überblick über die Generationen

Die Babyboomer: Geburtsjahrgänge zwischen 1946 und 1965

Die Generation X: geboren zwischen 1966 und 1980

Die Generation Y (auch Millennials genannt): geboren ab 1981 bis 1995/1999 (hier gibt es unterschiedliche Zuordnungen)

Die Generation Z: geboren ab 1996/1997 bzw. ab 2000 (je nach Zuordnung) bis 2010/2012[1]

Jede Generation bringt so ihre eigenen Themen mit. Hier soll es nur eine kurze charakteristische Darstellung geben ohne Anspruch auf Vollständigkeit, denn das Thema als solches würde ein eigenes Buch füllen. Sich jedoch damit zu beschäftigen hilft, um den Arbeitsmarkt der Zukunft bzw. die Menschen im Arbeitsmarkt der Zukunft zu verstehen. Denn aktuell gibt es jede Menge Nicht-Verstehen in den Unternehmen, vor allem, was die Generation Z angeht.

Die Babyboomer

Sie haben Deutschland nach dem Zweiten Weltkrieg wieder aufgebaut. Es sind geburtenstarke Jahrgänge und viele Menschen dieser Generation sind bis heute in den

---

[1] Die Jahreszahlen werden je nach Quelle teilweise unterschiedlich angegeben. Quellen zum Thema:

https://www.absolventa.de/karriereguide/berufseinsteiger-wissen/xyz-generationen-arbeitsmarkt-ueberblick

https://unicum-media.com/marketing-wiki/generation-x-y-z/?portfolioCats=88%2C84%2C85%2C82%2C83

https://de.statista.com/statistik/studie/id/78414/dokument/gen-z-millennials-und-generation-x-ein-ueberblick/.

gehobenen Positionen in Unternehmen zu finden. Seit Anfang 2000 gehen zwar mehr und mehr Menschen dieser Generation in Rente, aber gerade die späteren 50er-Jahrgänge und die Jahrgänge bis 1965 sitzen bis heute in vielen hochrangigen Positionen. Sie sind quasi die Platzhirsche und Weißrücken mit viel Erfahrung. Sie können die Einstellung der Generation Z häufig so ganz und gar nicht verstehen, in vielen Fällen könnten diese sogar ihre Enkel sein.

Die Generation X

Aufgezogen teilweise noch von Eltern, die den Krieg erlebt haben, oder von den Babyboomern, genießt diese Generation den aufgebauten Wohlstand. Charakterisiert werden kann diese Generation durch ihr starkes Konsumverhalten. Diese Generation legt viel Wert auf Status, weswegen sie auch Generation Golf oder Generation Volkswagen genannt wird.

Gleichzeitig ist sie aber auch ein Stück so etwas wie eine „lost generation", also eine verlorene Generation.

In ihrer Jugend gab es den Kalten Krieg, es gab massive Sorgen über das Waldsterben und diverse Kriege tobten in der Welt. Ich selbst habe 1992 Abitur gemacht und zu diesem Zeitpunkt war die „No-Future-Denke" riesengroß. Wir hatten Angst. Angst davor, dass unsere Welt zerstört wird oder sogar untergeht durch all die Kriege und Katastrophen. Wir fragten uns, ob es überhaupt Sinn macht, sich für das Abitur anzustrengen, da die Welt doch ohnehin bald untergehen würde.

Beruflich gab es in den achtziger/neunziger Jahren für diese Generation kaum eine Perspektive, denn die guten

Positionen waren alle durch die Babyboomer besetzt. Diese Perspektivlosigkeit sollte sich jedoch im Verlauf der Jahre ändern. Allerdings gab und gibt es für die guten Positionen durchaus starke Konkurrenz durch die nachrückende Generation Y. Beide Generationen buhlen um die guten, frei werdenden Positionen in den Unternehmen.

Die Generation Y/ die Millennials

Sie ist ständig auf der Suche nach dem Sinn des Lebens! Die „Generation Me" kennzeichnet das Streben nach Freiheit und Selbstbestimmung, verbunden mit einer verstärkten Selbstdarstellung über soziale Netzwerke. Des Weiteren ist diese Generation gekennzeichnet durch „always on" – immer erreichbar, ständig mit anderen verbunden. Die Abgrenzung von Arbeit und Privatleben gibt es in vielen Fällen kaum. Der Job ist ihre Berufung, der Lebensinhalt. Work-Life-Balance? Ist häufig nicht gegeben. Positiv anzumerken ist die große Toleranz dieser Generation gegenüber anderen Kulturen und Lebensweisen.

In dieser Generation sind häufig die Nachfolger für ausscheidende Babyboomer zu finden. Viele Millennials leben für ihren Job, gehen darin auf und machen ihn zu ihrem Lebensinhalt. Sie wollen etwas erreichen und bewirken. Gleichzeitig sind sie so manches Mal Burnout-gefährdet, weil die eigenen Grenzen nicht gesehen werden. Beruflicher Erfolg tut ihnen gut und sie genießen ihn sehr.

Die Generationen Babyboomer, X und Y unterscheiden sich massiv von der Generation Z.

Diese ist von den Einstellungen, Werten, Träumen und Lebenszielen her eine ganz neue Generation. Die Generation Z wird von den anderen Generationen kaum verstanden, es gibt viele Missverständnisse aus dem

„Nicht-Verstehen" heraus. Doch schauen wir uns die Generation Z einmal genauer an:

Die Generation Z

Die Gen Z tickt anders. In einigen Lebenseinstellungen und in ihren Einstellungen zum Thema Job und Karriere sogar ganz anders als alle vorherigen Generationen! Und teilweise knüpfen sie wieder an die traditionellen Werte der Babyboomer und der Generation X an. Das klassische Eigenheim, die Ehe, eine stabile Familie, eine solide Ausbildung, ein sicherer Job – danach sehnt sich die Generation Z im Gegensatz zur Generation Y sehr. Sie wollen Stabilität, Planbarkeit und viel Freizeit.

In anderen Punkten unterscheiden sie sich jedoch sehr von ihrer Eltern- und Großelterngeneration. An oberster Stelle stehen bei der Generation Z nicht die Arbeit, eine steile Karriere oder finanzieller Reichtum, sondern Zeit für die Familie, persönliche Freiheit, Selbstverwirklichung und schlicht der Spaß am Leben. Während sich die Generationen X und Y flexible Arbeitszeiten erkämpft haben, will die Generation Z in großen Teilen am liebsten fest planbare Arbeitszeiten haben, selbstverständlich keine 40-h-Woche, sondern maximal nur 25 bis 30 h die Woche, aber mit einem Gehalt, welches die vielen Freizeit-aktivitäten gut finanzieren kann. Immer wieder höre ich, dass Arbeitgeber sich darüber beklagen, dass Berufsstarter mit völlig überzogenen Gehaltsvorstellungen kommen und nicht bereit sind, dafür Vollzeit oder sogar mehr als Vollzeit zu arbeiten. Das widerstrebt all den anderen Generationen. Sie bezeichnen diese neue Generation an Arbeitskräften häufig als faul und unmotiviert.

Da jedoch die Gen Z die Berater und Kunden der Zukunft sein werden, möchte ich das Ganze an dieser Stelle noch vertiefen.

Woher kommt diese (komplett andere) Haltung der Generation Z?

Kleiner Hinweis am Rande: All das, was ich hier schreibe, sind Beobachtungen von mir und meinen Gesprächspartnern. Selbstverständlich sind die Annahmen weder vollständig, noch treffen sie auf alle Personen der Gen Z zu.

Um die Gen Z besser zu verstehen, schauen wir uns den typischen bisherigen Lebensweg der Generation Z einmal genauer an:

Die Gen Z ist von Eltern aufgezogen worden, die ihrem Kind die besten Startmöglichkeiten überhaupt mitgeben wollten. All die Entbehrungen, die sie selbst erlebt haben, all die unerfüllten Wünsche, das soll bei ihren Sprösslingen anders sein. Die Generation Z ist zum großen Teil von sogenannten Helikoptereltern großgezogen worden, also Eltern, die permanent für ihren Sprössling da waren und das Bestmögliche möglich gemacht haben, z. B. frühkindliche Musik- und Kunsterziehung, Leistungssport bereits im Kindergartenalter, zweisprachiger Kindergarten, permanente Begleitung durch die Eltern selbst oder durch Erzieher*innen und vieles mehr. Das Leben vieler Gen-Z-Kinder war von früh an total durchgetaktet. Das Kind sollte in frühen Jahren möglichst viel lernen, um die bestmöglichen Chancen im späteren Leben nutzen zu können. Geld ist in vielen Fällen kein Thema. Lieber verzichteten die Eltern auf ihren Luxus, Hauptsache, dem Sprössling geht es gut. Aus Sicht des Kindes war einfach immer genug Geld da. Doch gerade diese Fülle und Überfürsorge kann Ursache dafür sein, dass diese Kinder (oder später die jungen Erwachsenen) genau das auch weiterhin wollen und brauchen: genau planbare Zeiteinteilung, viel Freizeit, viel Abwechslung und das nötige Geld dafür. Sie haben in der Kindheit alles bekommen. Sie kennen keinen Mangel und sehen die Fülle als Selbstverständlichkeit an.

Genau das spiegeln die gelebten Werte der Generation Z und das bereitet vielen Arbeitgebern aktuell Sorgen. Doch welche Werte prägt die Gen Z? Soziologen erachten vor allem folgende Merkmale als „typisch" für die Generation.

Werte der Gen Z

- optimistischer Blick in die Zukunft
- Gelassenheit bezüglich Karriere, Jobwechsel & Co
- Streben nach immateriellen Gütern
- Suche nach einem Sinn in der Arbeit
- (auch) berufliche Nutzung von sozialen Netzwerken
- Weltoffenheit
- Angst vor (Geschlechter-)Diskriminierung
- Job muss zur Persönlichkeit passen
- Wunsch nach persönlicher Weiterentwicklung – auch im Beruf
- Suche nach (beruflicher) Selbstständigkeit

Diese Punkte gilt es nicht nur bei der Beratung zu beachten, sondern auch bei der Einstellung von jungen Menschen, vor allem im Außendienst. Gleichzeitig bietet es auch ganz neue Chancen. Die alten Hasen im Beruf der Finanzberatung wissen:

Früher hat die Beratung der meisten Privatkunden dann stattgefunden, wenn diese Feierabend und Freizeit hatten. Das war häufig ein großer Nachteil als Finanz- oder Vermögensberater, die dann arbeiteten, wenn ihre Freunde Feierabend hatten. Die junge Generation ist bereits mit der Digitalisierung aufgewachsen. Sie kennt keine Welt ohne Smartphone, Tablets und ständige Ver- bundenheit mit der ganzen Welt. Konferenzen und Beratungen über Zoom, Teams oder ähnliche Programme sind für diese Generation selbstverständlich. Doch gerade die Digitalisierung und die Nutzung dieser Medien bringen eine schnellere Terminfindung und auch eine größere zeitliche Flexibilität mit sich.

Aus Beratersicht können dadurch mehr Kundengespräche am Tag geführt werden als jemals zuvor. Hier sollte der Berater aufpassen, dass es wiederum nicht zu viel wird, d. h., auch die eigene Work-Life-Balance sollte nicht außer Acht gelassen werden.

Das Jahr 2020 hat durch die Corona-Krise das Thema Digitalisierung explodieren lassen. Quasi von einem Tag auf den anderen konnten viele Begegnungen nur noch digital stattfinden. Auch das Thema Homeoffice spielt seitdem eine viel größere Rolle als jemals zuvor. Für die Beraterbranche ist dieses ausgesprochen positiv. Es verstärkt das Thema und die Möglichkeiten der flexiblen Beratungszeiten noch einmal mehr.

Zurück zur Gen Z: Unternehmen sollten sich ganz besonders intensiv auf die Gen Z vorbereiten. Sie ist eine besondere Generation mit neuen Ansprüchen, neuen Zielen und neuen Werten. Sie bietet aber auch die große Chance des Umdenkens, Neudenkens und Vorausdenkens. Eine komplett neue Arbeitswelt könnte durch diese Generation entstehen.

4.2   Statements aus der Branche

Auch einige meiner Interviewpartner*innen habe ich zu diesem Thema befragt. Die meisten haben die vorher beschriebenen Thesen bestätigt.

Zwei Interviewpartnerinnen möchte ich jedoch zitieren, denn diese zwei Antworten zeigen, dass die Generation Z in vielen Finanzunternehmen noch gar nicht angekommen ist. Das ist logisch, da sie sich zum großen Teil noch in der Ausbildung befindet.

Dörte Kruppa, Vermögensberaterin

Der Führungskräftemangel ist auch in der Finanzberatung präsent. Hier wird es wichtig sein, den Generationen Y und Z echte Alternativen zu bieten. Der Verdienst spielt hierbei meines Erachtens eine untergeordnete Rolle. Unternehmen müssen sich hier jung aufstellen, um das teilweise noch verstaubte Image zu polieren. Nur so können wir auch die jungen Menschen für die Branche begeistern.

Silke Bittmann, Anlageberaterin

Dass es einen Generationenkonflikt gibt, würde ich nicht sagen. Es gibt vielmehr ein Nachwuchsproblem in der Finanzwelt. Leider trauen sich nur wenige junge Leute, in der Welt des Geldes beruflich Fuß zu fassen.

4.3 Fazit

Innerhalb eines Unternehmens sollte daran gearbeitet werden, dass sich die Generationen untereinander mit ihren verschiedenen Befindlichkeiten und Bedürfnissen weiter annähern und voneinander lernen, statt übereinander in despektierlicher Weise zu sprechen. Gemeinsam statt einsam gilt auch hier. Welche großartigen, neuen Möglichkeiten können entstehen, wenn hier die Talente, Fähigkeiten und Selbstverständlichkeiten der unterschiedlichen Generationen zielführend genutzt und eingesetzt werden?

Chancen sehen, Unterschiedlichkeiten erkennen und die daraus resultierenden Möglichkeiten wertschätzen – das ist die Aufgabe aller Generationen in Unternehmen. Was lernen die Babyboomer, Gen X und Gen Y von der Generation Z und umgekehrt?

Die Branche muss sich auf die jungen Menschen einstellen – es sind nicht nur die zukünftigen Kunden, sondern auch die Berater und Vermittler von morgen.

Es ist dringend notwendig, die Generation Z und die derzeit heranwachsende, folgende Generation schon frühzeitig auf das Thema Geld und die Chancen in der Finanzbranche vorzubereiten, damit sie zukunftsfähig bleibt.

5

Her mit dem Fach Finanzwissen!

5.1 Finanzwissen gehört in die Schule

Mein Appell Nummer 1

Finanzbildung muss schon in der Schule anfangen! Wann kommt endlich das Fach „Geld und Finanzen"?

Solange es das nicht gibt, kommt mein Appell Nummer 2: Finanzberater als Botschafter in die Schulen!

Mein Appell an die Schüler

Raus aus der Schule – rein in die Finanzbranche!

Ein Beruf mit Zukunft!

Doch das können die Schüler nur erfahren, wenn Menschen aus der Finanzbranche quasi Botschafter an den Schulen sind.

© Der/die Autor(en), exklusiv lizenziert durch Springer
Fachmedien Wiesbaden GmbH, ein Teil von Springer Nature 2021
D. Landgraf, *Beratung in der Finanzbranche,* Fit for Future,
https://doi.org/10.1007/978-3-658-34951-6_5

Warum diese Appelle?

1. Um kein Nachwuchsproblem in der Finanzbranche zu bekommen, sollten Schüler schon frühzeitig neugierig auf den Beruf des Finanz-, Vermögens- oder Finanzierungsberaters gemacht werden.

2. Kinder und Jugendliche brauchen mehr Finanzwissen. Warum?

Dazu zwei kleine Beispielgeschichten (ist in meinem Freundeskreis so und in ähnlicher Art und Weise des Öfteren passiert).

Beispielgeschichte 1

Kommt ein 18-jähriger Schulabgänger in die Bank, nennen wir ihn Lukas. Stolz wie Bolle zeigt Lukas seinen Ausbildungsvertrag und möchte ein Girokonto eröffnen – denn irgendwohin muss die Ausbildungsvergütung doch fließen. Noch wohnt er bei seinen Eltern, er hat also seine ganze Ausbildungsvergütung für sich. An seine Eltern soll er lediglich 100 EUR Kostgeld im Monat abgeben. Die Bankerin, nennen wir sie Frau Neumann, erzählt ihm erst einmal, wie wichtig es ist, eine Rundumberatung zu machen. Er hätte doch bestimmt ganz viele Pläne und Wünsche für die Zukunft. Dieses sollte von Beginn an gut geplant sein. Gesagt, getan! Frau Neumann stellt Lukas jede Menge Fragen. Anschließend wirft das Beratungsprogramm diverse Empfehlungen für Lukas heraus. Nur erklärt ihm Frau Neumann ausgesprochen überzeugend, wie wichtig es ist, alle staatlichen Förderungen mitzunehmen, und dass man gar nicht früh genug anfangen kann. Lukas lässt sich überzeugen.

Heraus aus der Bank kommt er mit zwei vermögenswirksamen Sparverträgen – einem Investmentsparvertrag und einem Bausparvertrag. Selbstverständlich ist der Bausparvertrag so gestaltet, dass er nicht nur die Arbeitnehmersparzulage, sondern auch die Wohnungsbauprämie erhalten kann. Gleichzeitig ist es natürlich auch ungemein wichtig, von Anfang an in eine Riester-Rente zu zahlen, denn es sollte ja kein Geld vom Staat verschenkt werden. Geschenke vom Staat müssen doch unbedingt mitgenommen werden (oder nicht?).

Ein paar andere Finanzprodukte sind ebenfalls noch mit abgefallen ... Die Provisionen fließen und von Lukas Ausbildungsvergütung ist nicht mehr viel übrig...

Ende der Geschichte ... einer Geschichte, die leider viel zu oft so oder in ähnlicher Form passiert.

Übertrieben? Leider nein. Das habe ich, wie schon geschrieben, oft genug gesehen, gehört und erlebt. Die Grundgedanken sind vielleicht auch nicht verkehrt (und sicherlich auch oft gut gemeint), doch in vielen Fällen scheint es nach wie vor einen ziemlich starken Produktverkauf in der Finanzbranche zu geben. Vielleicht ist es auch eher ein Verkauf bzw. eine Beratung nach „Schema F". Jedenfalls habe ich viele Jugendliche erlebt, die einen „Haufen Produkte" abgeschlossen haben, die zu diesem Zeitpunkt entweder völlig sinnfrei waren (aufgrund der Pläne, die diese Jugendlichen hatten) oder mit viel zu hohen monatlichen Belastungen verbunden waren.

Wenn es bereits in der Schule eine Grundbildung in Sachen Finanzen geben würde, könnten viele Jugendliche viel schneller in die Eigenverantwortlichkeit gehen und gezielt darüber entscheiden, was sie wirklich brauchen, welche Produkte zwingend notwendig sind und welche staatlichen Förderungen sie tatsächlich mitnehmen wollen, weil es auch von den Produkten her sinnvoll ist.

Leider wissen viele Jugendliche, die sich beraten lassen und auf Grundlage dieser Beratung Produkte abschließen, schon nach kurzer Zeit gar nicht mehr, warum sie diese Verträge überhaupt abgeschlossen haben.

Beispielgeschichte 2

Sarah war schon immer sehr kreativ. Sie hat schon während ihrer Schulzeit viel gebastelt und es dann auf Flohmärkten oder im Bekanntenkreis verkauft. Ihre Spezialität: selbst gemachter Schmuck. Ihre Stücke sind begehrt und sie liebt diese Tätigkeit. Nach ihrem Schulabschluss möchte sie sich selbstständig machen. Um jedoch zu expandieren, braucht sie Kapital, da sie zunächst investieren muss. Neben dem Material, welches sie braucht, um im größeren Stil produzieren zu können, braucht sie eine vernünftige Internetpräsenz und einen Online-Shop. Beides müsste vom Profi erstellt werden.

Hierfür benötigt sie 25.000 EUR von der Bank. Diese verlangt erwartungsgemäß einen Investitions- und einen Businessplan mit Ertragsvorausschau für die ersten drei Jahre. Sarah ist völlig überfordert. Viele der Begriffe hört sie zum ersten Mal. Sie muss sich nun entweder teure Unterstützung hierfür holen oder sie macht auf der bisherigen Basis weiter, ohne ihre Produktion und den Verkauf zu professionalisieren. In ihrem Bekannten- und Freundeskreis kennt sich keiner mit diesen Themen aus.

Ende dieser Geschichte. Vorläufiges Ende von dem Traum einer Selbstständigkeit in größerem Umfang mit den entsprechenden Einnahmen.

Wie viel schöner wäre es, wenn solche Themen bereits in der Schule behandelt werden würden? Wie viele großartige, wundervolle, kreative Schulabgänger gibt es, die mit der Erstellung eines Businessplans total überfordert sind?

Hinzu kommt, dass die meisten Schulabgänger keine Ahnung von den notwendigen Versicherungen haben, z. B. gesetzliche (oder private) Krankenversicherung, gesetzliche Rentenversicherung (wann bin ich als Selbstständige gesetzlich pflichtversichert und wann kann ich mich freiwillig versichern)? Welche sonstigen Absicherungen wären wichtig?

Weiterhin haben die meisten Schulabgänger keine Ahnung von möglichen Gesellschaftsformen, den daraus resultierenden Rechten und Verpflichtungen sowie vom Steuersystem.

Fragen Sie mal einen Schulabgänger nach den Begriffen Einkommenssteuer, Gewerbesteuer, Umsatzsteuer und Mehrwertsteuer. Sie schauen in der Regel in fragende Gesichter.

Doch gerade dieses Nichtwissen kann fatale Folgen haben.

Beispiel: Ein Schulabgänger macht sich selbstständig und entscheidet sich vielleicht auf die Schnelle dafür, eine Kleinunternehmerregelung zu machen (um keine Mehrwertsteuer berechnen zu müssen). Doch kennt er auch Nachteile, die diese Regelung mit sich bringen könnte (z. B. die dann nicht greifende Vorsteuerabzugsberechtigung und vieles mehr)?

Achtung, Schuldenfalle!

Es gibt noch weitere Punkte, weswegen ich eine Verfechterin dafür bin, dass das Fach „Finanzen" unbedingt in die Schule gehört. Viele Jugendliche haben überhaupt kein Gefühl für das Thema Geld. Da wird auf Knopfdruck mal schnell ein Abo über das Smartphone abgeschlossen. Hier 7,99 EUR, dort 9,99 EUR und schnell noch einmal 6,99 EUR … alles monatlich. Mit vermeintlich kleinen Beträgen werden Menschen zur Abo-Falle verführt. Und schwups … sind schnell mal monatlich 50 EUR, 100 EUR oder noch mehr Geld verschwunden – Monat für Monat.

Wenn dann noch weitere regelmäßige Ausgaben hinzukommen, dann ist das Geld schnell mal verbraucht, bevor der Monat vorbei ist. Wenn dann aufgrund der ersten Gehaltszahlungen vielleicht eine Bank auch noch einen Dispositionskredit ermöglicht, ist das der Beginn einer echten Schuldenfalle.

Ich habe es während meiner Banktätigkeit (und ich war immerhin insgesamt 11 Jahre im Bankenvertrieb tätig) so oft erlebt, dass Menschen ihren Dispo regelmäßig ausgeschöpft haben und dann von ihren Beratern davon überzeugt wurden, das Ganze doch in einen Ratenkredit umzuschulden, um es regelmäßig und mit vermeintlich niedrigeren Zinsen, als der Dispo hat, zurückzuzahlen.

Doch Achtung! Genau damit besteht die Gefahr, in eine Weiterverschuldungsfalle zu tappen. Warum?

1. Meistens wird der Dispo dann nicht gelöscht und die Verführung, mehr Geld auszugeben, als monatlich auf das Konto fließt, ist weiterhin groß.

2. Es werden oft teure Kreditversicherungen mit angeboten. Am Ratenkredit selbst verdient die Bank nicht allzu viel Geld. Die Kreditversicherungen jedoch sind ein guter Provisionsbringer. Wir wurden seinerzeit als Mitarbeiter in der Bank fast schon darauf „gedrillt", zu jedem Kreditvertrag eine Restschuldversicherung mit abzuschließen (abschließen zu müssen!). Doch viele dieser Versicherungen sind wirtschaftlicher Unsinn! Aber das ist ein anderes Thema für ein anderes Buch.

Fakt ist: Viele Menschen tappen sehr schnell in eine Verschuldungsfalle, aus der sie nur schwer wieder herauskommen. Je früher Menschen über das Thema Geld aufgeklärt werden, desto sinnvoller ist es!

Wie können Kinder und Jugendliche für das Thema Finanzen begeistert werden?

Aufgabe für Sie als Finanz-, Vermögens- oder Versicherungsberater*in:

Überlegen Sie einmal für sich, wo Sie Kinder und Jugendliche erreichen können. Welche Workshops können Sie beispielsweise anbieten?

Gibt es Themen, die Sie mit diesen Workshops koppeln können? Wenn ein Nutzen für Ihre Zielgruppe klar erkennbar ist, dann wird die Buchungsrate umso höher sein. Auf die neugierig machende Überschrift kommt es an.

Hätten Sie als Jugendlicher einen der folgenden Workshops gebucht:

- Finanzen leicht gemacht
- Finanzvermittler, ein Beruf mit Zukunft
- Finanzprodukte für Jugendliche

Oder hätten Sie eher einen der folgenden Workshops bevorzugt:

- Wie du einen Beruf findest, der nicht nur Spaß macht, sondern dir auch viel Geld bringt
- Verhandlungsstark – wie du selbstsicher auftrittst und damit auch noch Geld verdienen kannst
- Finanzen sind langweilig? Von wegen! Vor allem nicht, wenn du auf der Gewinnerseite stehst!

Wann fangen Sie an, Kinder und Jugendliche für das Thema Finanzen zu begeistern?

5.2   Statements aus der Branche

Auch drei Interviewpartnerinnen haben sich zu diesem Thema geäußert.

Wiebke Schattschneider, Diplom-Bankbetriebswirtin (BA)

Wiebke Schattschneider ist Financial Consultant, Diplom-Bankbetriebswirtin (BA) und bereits seit 1989 in der Finanzbranche tätig. 2013 hat sie sich selbstständig gemacht und arbeitet seit 2018 als Financial Consultant unter dem Haftungsdach der FiNUM.Private Finance AG. Ihre Beratungsschwerpunkte liegen auf den Themen Vermögensaufbau, Vermögensanlage, Vermögensmanagement sowie Finanzierungen im privaten und gewerblichen Bereich.

Das Thema Finanzen, Geld, Wirtschaft gehört für mich definitiv in die Schulen. Information und Transparenz kann hier gar nicht früh genug anfangen. Solange dies noch nicht ein verpflichtendes Schulfach ist, sollte dies möglichst *über freie Finanzberater*innen abgebildet werden. Ebenso halte ich Kombinationen aus Schulfach und externen Workshops, Projekttagen mit freien Finanzberater*innen für sehr erfolgreich und zukunftsträchtig. Wichtig: Schüler*innen rechtzeitig und umfangreich an Finanzthemen heranführen, informieren und zu „mündigen" Menschen machen. Außerdem kann darüber schon Lust auf diesen Beruf gemacht werden. Finanzdienstleister sollten viel mehr Praktika für Schüler*innen anbieten.*

Dörte Kruppa, Vermögensberaterin

Die jungen Menschen müssen besser auf ihr Leben vorbereitet werden. Hier sollte die gesamte Branche Aufklärung leisten. Finanzielle Kompetenz erlernen die Kinder bis dato ausschließlich über ihr familiäres Umfeld. Kinder aus sozial schwachen Haushalten gehen dementsprechend statistisch oft absolut unvorbereitet und negativ besetzt mit dem Thema Finanzen in ihr Leben. Meiner Meinung nach ist dies ein weiterer Grund, warum Menschen oftmals in derselben finanziellen Situation wie ihre Vorfahren sind/bleiben. Die Chance auf finanzielle Bildung sollte jedem zugänglich sein.

Silke Bittmann, Anlageberaterin

Wir können Jugendliche für einen Job in der Finanzbranche begeistern, indem wir finanzielle Bildung schon den Kindern zukommen lassen, natürlich und spielerisch. So können Sie zum Beispiel beim klassischen Spielen mit dem Kaufmannsladen dranbleiben und über Geld sprechen oder auch mit dem Geld spielen. Auch das Spiel „Cashflow" ist ein lehrreiches und unterstützendes Hilfsmittel.

5.3   Fazit

Die Schlussfolgerung aus allen geführten Gesprächen und meiner eigenen Erfahrung in der Branche ist: Kinder sollten schon früh mit dem Thema Geld spielerisch konfrontiert werden.

Die heutigen Kinder könnten die Vermittler der Zukunft sein. Fakt ist, dass die Branche dringend Nachwuchs braucht. Doch wie kommen Sie an den Nachwuchs heran? Am besten fangen Sie ihn schon in der Schule ab.

Deswegen mein Tipp an Berater und Vermittler:

Kooperieren Sie mit den Schulen in Ihrem Bezirk!

Auf das Fach „Finanzen" zu warten, wäre wenig zielführend. Viel sinnvoller ist es, wenn Sie mit der Schule ins Gespräch gehen und beispielsweise Workshops zum Thema Finanzen anbieten.

Das hätte nicht nur den Vorteil, dass die Kinder und Jugendlichen Finanzwissen vermittelt bekämen, es hätte vor allem den grandiosen Vorteil, dass Sie die jungen Menschen frühzeitig erreichen, um ihnen einen Beruf in der Finanzbranche schmackhaft zu machen – einem Beruf mit Zukunft! Ein Beruf, der mit Menschen zu tun hat und viel besser ist als sein Ruf. Er ist alles andere als langweilig – weder fachlich noch von der zwischenmenschlichen Komponente her.

Alternativ könnten Sie freie Workshops anbieten – entweder nur für die Jugendlichen oder aber für Kinder zusammen mit ihren Eltern. Vielen ist nicht bewusst, wie abwechslungsreich der Job auf der einen Seite und wie zukunftssicher er auf der anderen Seite ist. Des Weiteren sind die Verdienstmöglichkeiten nach oben kaum begrenzt.

Kinder sind nicht nur die Kunden, sondern auch die Berater der Zukunft. Das Thema Finanzen wird viel zu wenig, meistens gar nicht in den Schulen behandelt. Jeder Berater und Vermittler sollte versuchen, seinen Beitrag dazu zu leisten, damit die zukünftigen jungen Erwachsenen selbstbestimmt und mit entsprechendem Wissen ihre Entscheidungen zu Produkten treffen können und vielleicht sogar begeistert eine Karriere in der Finanzbranche anstreben.

6

Frauen, wo seid ihr? Kommt in den Finanzvertrieb!

6.1 Aktuelle Situation

Mein nächster Appell

Frauen in den Finanzvertrieb! In kaum einem anderen Job gibt es so viel Gleichberechtigung bei der Bezahlung und bei den Karrieremöglichkeiten. Gleichzeitig bietet der Finanzvertrieb die uneingeschränkte Vereinbarkeit von Job und Familie bei großartigen Verdienstmöglichkeiten.

Allerdings gilt es zu differenzieren, über welche Art von Finanzvertrieb wir sprechen – denn in der Bankenwelt oder im Versicherungskonzern zeigen sich gänzlich andere Bilder als bei den freien Finanzvertrieben.

Während man in den Filialen der Banken und Sparkassen häufig ein recht ausgeglichenes Bild zwischen

© Der/die Autor(en), exklusiv lizenziert durch Springer
Fachmedien Wiesbaden GmbH, ein Teil von Springer Nature 2021
D. Landgraf, *Beratung in der Finanzbranche*, Fit for Future,
https://doi.org/10.1007/978-3-658-34951-6_6

Mann und Frau sieht oder teilweise sogar das Gefühl hat, in den Filialen arbeiten eher mehr Frauen als Männer, so wird die Luft für Frauen in den gehobenen Führungspositionen oder im Management schon sehr dünn. Leider gibt es hier nach wie vor nur eine theoretische Gleichberechtigung. Wenn man sich die Topmanagement-Etagen und Vorstände von Banken, Sparkassen und Versicherungen anschaut, wird man feststellen, dass die Positionen nach wie vor hauptsächlich von Männern besetzt sind.

Laut Statista[1] zeigte sich 2020 folgendes Bild: Der Frauenanteil in den Führungsetagen von Versicherungen lag bei gerade mal 11 %. In den Führungsetagen der Banken sah es noch schlechter aus. Hier gab es einen Frauenanteil von mageren 8,8 %.

Noch eine dramatische Zahl:

Im Investmentbanking sollen Frauen laut Statista im Jahre 2020 rund 9 bis 40 % weniger verdient haben als ihre männlichen Kollegen. Als Grund wird genannt, dass Männer höhere Bonifikationen aushandeln als Frauen. Das scheint ohnehin ein generelles Problem zu sein. Frauen stehen leider häufig nach wie vor zu wenig für sich selbst und für eine angemessene Bezahlung ein. Doch das ist ein anderes Thema. Hier dürfen Frauen in vielen Bereichen noch einiges lernen!

---

[1] Quelle: https://de.statista.com/infografik/20801/frauenanteil-in-fuehrungsetagen-von-banken-und-versicherungen-in-deutschland/.

6.2   Chancen für Frauen im Finanzvertrieb

In den (freien) Finanzvertrieben gibt es für Frauen jede Menge Chancen und Möglichkeiten. Dennoch sind Frauen in den meisten freien Finanzvertrieben noch nicht so stark vertreten. Woran liegt es?

Befragungen zufolge liegt es wohl vor allem an der Unsicherheit des Einkommens (da es häufig rein provisionsbasierte Tätigkeiten sind) und an der vermeintlichen Nicht-Planbarkeit mit der Familie (Außendienst verbinden viele Frauen weniger mit dem Thema Flexibilität, sondern vor allem damit, dass diese zeitliche Flexibilität bedeutet, dass sie ständig „on" sein müssen für ihre Kunden). Doch genau das Gegenteil ist der Fall. Dazu später mehr. Ein kleiner Ausflug in meine Vergangenheit, denn ich kenne die Branche nun seit fast 30 Jahren und es hat sich bei dem Thema „Frauenquote" nicht viel verändert in dieser Zeit! Die im Folgenden genannten Prozentsätze sind geschätzt, aus meiner Erinnerung heraus, denn einige dieser Daten sind nicht mehr recherchierbar, dafür ist es zu lange her.

Meine persönlichen Erfahrungen zum Thema Frauen und Finanzbranche

1992 begann ich meine Ausbildung in der Finanzbranche bei der Allianz-Versicherung AG und ging ein halbes Jahr nach Beendigung meiner Ausbildung in den Außendienst – als eine der ganz wenigen Frauen. In meiner Direktion waren wir weniger als 10 % Frauen im Vertrieb.

1996 wechselte ich zur Deutschen Bank. Diese hatte seinerzeit kurze Zeit zuvor vorher den mobilen Vertrieb ins Leben gerufen – eine Unterorganisation der Deutschen Bank, in der selbstständige Finanzberater*innen beschäftigt werden.

Ich saß also in einer „ganz normalen" Bankfiliale, wurde jedoch ausschließlich auf Provisionsbasis bezahlt. Den mobilen Vertrieb der Deutschen Bank gibt es bis heute, ein absolutes Erfolgskonzept.

Schon damals zeigte sich folgendes Bild: In den Filialen waren ca. 70 % Frauen in den beratenden Positionen tätig (als klassische Angestellte der Deutschen Bank). Im mobilen Vertrieb hingegen war ich 1996 die einzige Frau in der Hamburger Region. Auch als ich 2003 die Deutsche Bank verließ, waren wir nach wie vor nur „eine Handvoll" Frauen. Das Sprichwort „eine Handvoll" ist recht passend, denn wir waren vielleicht 5 bis 10 Frauen. Mehr nicht. Gleichzeitig gab es ca. 50 bis 60 männliche Kollegen im mobilen Vertrieb im Großraum Hamburg. In anderen Regionen sah die Quote sehr ähnlich aus.

Mein Weg führte mich 2003 dann zur Hypo-Vereinsbank, die seinerzeit ebenfalls einen mobilen Vertrieb hatte. Dort waren ein paar mehr Frauen im Vertrieb zu finden, aber die Quote war dennoch katastrophal (geschätzt ca. 20 % Frauen).

2006 fing ich neben meiner beratenden Tätigkeit (stets zu 100 % auf Provisionsbasis) an, als Dozentin für die Going Public! , Akademie für Finanzberatung AG, tätig zu sein.

Auch bei den Dozenten und Trainer*innen der Going Public! Akademie für Finanzberatung AG zeigt sich bis heute ein ähnliches Bild: Die Männer waren und sind klar in der Überzahl. Auf 4 bis 5 männliche Trainer und Dozenten kommt i.d.R. eine Frau , also auch hier eine Frauenquote von lediglich 20 % bis 25 %.

2009 habe ich mich als Maklerin selbstständig gemacht und war weiterhin parallel für die Akademie für Finanzberatung tätig (bis 2019).

2016 kam die ehrenamtliche Tätigkeit als IHK-Prüferin für die Prüfungen nach 34 f und 34 i GewO mit hinzu.

Dieses macht mir so viel Freude, dass ich es bis heute mache.

Doch sowohl in den Ausbildungskursen der Akademie für Finanzberatung als auch in den Prüfungen in der Handelskammer zeigt sich nach wie vor folgendes Bild: Immer wieder kommt auf ca. 4 bis 5 Männer vielleicht mal eine Frau.

Teilweise hatte ich schon Prüfungskommissionen, bei denen von 10 Prüflingen gerade mal eine einzige Frau dabei war.

Ich wiederhole deswegen meinen Appell:
Frauen – kommt in den Finanzvertrieb!

Gründe für Frauen, in den Finanzvertrieb zu kommen

1. In kaum einer anderen Branche finden Frauen so viel Gerechtigkeit vor wie im Finanzvertrieb!
Es gibt für Frauen und Männer exakt die gleichen Provisionstabellen. Mir ist kein Vertrieb bekannt, in dem Männer eine andere Provisionstabelle bekommen als Frauen!

Zugegeben, bei den Provisionssätzen kann teilweise verhandelt werden – doch das können Männer wie Frauen gleichermaßen.

Je nach Vertrieb und Unternehmensart können Frauen die gleichen Karrierestufen erklimmen wie Männer! In vielen Vertrieben gilt für das Thema Karriere nämlich vor allem der eigene Erfolg. Wer gut ist, wird belohnt. Die Belohnung zeigt sich entweder in entsprechend hohen Einnahmen und/oder darin, dass man ein eigenes Vertriebsteam aufbauen und betreuen kann. Wer gut im Recruiting und in der Personalführung ist, hat hier viele Chancen.

2. Das Einkommen ist nach oben hin nicht begrenzt

Ich habe seinerzeit bereits mit Mitte/Ende zwanzig 5-stellige Provisionseinnahmen monatlich verdient. Ich vergesse nie, wie eine Freundin zu dieser Zeit zu mir sagte: „Wenn ich mal 5000 D-Mark monatlich verdiene, dann geht es mir richtig gut! Dann gehöre ich zu den Wohlhabenden." Zu dem Zeitpunkt wurde mir nochmal so richtig bewusst, wie gut es mir in meinem Vertrieb ging, denn bei 5000 D-Mark Einnahmen hatte ich das Gefühl, einen schlechten Monat gehabt zu haben. Zugegeben, sie hat es aus der Perspektive einer Beamtin gesehen und ich musste von diesen 5000 D-Mark noch alle Versicherungen und Steuern bezahlen. Doch diese Anekdote soll die Verhältnismäßigkeit aufzeigen: die Chancen im Angestelltenverhältnis im Vergleich zu einer Selbstständigkeit im Finanzvertrieb. Natürlich bringt jede Selbstständigkeit auch ihre Risiken mit sich. Doch im Finanzvertrieb kann man mit viel Fleiß von Beginn an gute Einnahmen generieren. Je länger man dabei ist, umso höher sind irgendwann auch passive Einkommensströme durch Folgeprovisionen.

3. Flexibilität in der Arbeitszeit

Die Arbeitszeit im Vertrieb kann komplett selbst gesteuert werden. Natürlich müssen sich Berater auch einigermaßen flexibel auf die zeitlichen Möglichkeiten ihrer Kunden einstellen. Aber grundsätzlich kann der Job um die Familie drum herum gebaut werden, vor allem auch mit Kindern. Das Kind darf (und sollte sicherlich auch) im Vordergrund stehen und die Kundentermine können zu den Zeiten stattfinden, in denen das Kind beispielsweise schläft, vom Vater betreut wird oder Kita- bzw. Schulzeiten hat.

Auch hier spreche ich aus eigener Erfahrung:

2008 kam unsere Adoptivtochter in unser Leben. Seinerzeit 10 Monate jung. Anfangs trug ich sie im Babykörbchen mit zu meinen Kunden. Meine Kunden fanden das klasse. Später war sie dann stundenweise in der Kita oder ich habe die Kundentermine dann durchgeführt, wenn mein Mann zu Hause war.

Weiterhin hatte sie ihre Spielecke in meinem Büro, so dass sie bei mir sein konnte, während ich arbeitete.

Heutzutage – im Jahre 2021 – ist das alles noch viel einfacher geworden. Durch die zunehmende Digitalisierung seit dem Jahr 2020 finden es Kunden gar nicht mehr befremdlich, wenn sie über einen Videocall beraten werden. Finanzberatung per Videocall ist inzwischen so normal wie früher das persönliche Kunden-gespräch. Somit ist die Vereinbarkeit von Familie und Beruf noch viel einfacher geworden!

> Also, liebe Frauen: Worauf wartet ihr noch? Schnappt euch den Traumjob der Finanz- und/oder Vermögensberaterin.

Ein ganz persönlicher Tipp

Ich selbst habe immer am allerliebsten das Thema Immobilienfinanzierung beraten. Aus meiner Sicht ist es eines der dankbarsten Themen überhaupt! Warum?

1. Gewohnt wird immer! Es wird immer Menschen geben, die sich entweder den Traum von der eigenen Immobilie erfüllen wollen oder Geld in eine Immobilie als Kapital-anlage investieren wollen.
2. Kunden geben gerne und bereitwillig Auskunft, denn sie wollen ja etwas von Ihnen als Beraterin! Sie müssen also nicht verkaufen, sondern die Kunden kaufen, wenn sie sich gut beraten und betreut fühlen.
3. Aus der Baufinanzierung heraus können sich viele neue Abschlüsse ergeben, z. B. der Abschluss wichtiger Ver-sicherungen – sowohl im Sachversicherungsbereich als auch im Personenversicherungsbereich. Ich habe für diese Bereiche seinerzeit verschiedene Kooperations-partner gehabt.

6.3   Statements aus der Branche

Dörte Kruppa, Vermögensberaterin

Laut Umfragen möchten 50 % der Deutschen gerne von einer Frau beraten werden (Quelle: „Die Welt", 22.10.2013). Schnell ist hier zu erkennen, dass dieser Wunsch nach wie vor nicht erfüllbar ist. Es gibt leider noch immer viel zu wenig Frauen in der Branche. Die Verdienstmöglichkeiten sind hier genau wie bei den Männern und auch die Aufstiegschancen. Flexible Zeiteinteilung und somit Vereinbarkeit von Beruf und Familie und eine großartige Karrieremöglichkeit sind Gründe, Finanzberaterin zu werden. Aber auch hier ist es wichtig, für die Zukunft in einem innovativen Unternehmen zu sein, das Frauen fördert, stärkt und die weiblichen Attribute ernst nimmt. Vorbilder sollten sichtbar sein. Wie viel mehr Kunden können die Unternehmen gewinnen, die Frauen als Beraterinnen beschäftigen? Frauen beraten anders als ihre männlichen Kollegen.

Wiebke Schattschneider, Diplom-Bankbetriebswirtin (BA)

Ich persönlich wünsche mir mehr Frauen in der Finanzberatung, weil sie eigene und neue Perspektiven und Herangehensweisen und auch Verständnisse einbringen. Gerade weibliche Kunden spiegeln mir häufig, dass sie sich teilweise Finanzfragen im Kreis von Männern nicht zu stellen trauen, aus Angst, nicht verstanden oder ernst genommen zu werden. Männer und Frauen gehen unterschiedlich an Finanzthemen heran und das sollte auch in der Finanzberatung durch mehr Frauen aufgefangen werden. Zudem sind die Gehaltsmöglichkeiten in der Finanzdienstleistung gleich.

Christine Müller, Financial Planner

Mit Frau Müller habe ich das Thema „Frauen in der Finanzwirtschaft" nicht nur im Allgemeinen, sondern auch anhand ihrer persönlichen Geschichte in der Finanzbranche besprochen.

Wie sehen Sie die Zukunft für Frauen in der Finanzwirtschaft?

Junge, gut ausgebildete Finanzfrauen gibt es mehr denn je.
Sie schaffen sich ihre Foren, Blogs und Portale und machen sich medial bekannt. Auf jeder Ebene der Finanzwirtschaft – und d. h. auch Politik und Wirtschaft – finden wir derzeit aktive profilierte Frauen, Expertinnen in allen Bereichen, so zum Beispiel bei den vier Wirtschaftsweisen, der EU-Kommission, der Weltbank, der FED, um nur einige Führungsebenen zu nennen.

In den „battle grounds" der Finanztheorien finden wir Wissenschaftlerinnen, die sich dem Thema Innovation verschrieben haben und damit Einfluss auf zukünftiges Regierungshandeln nehmen werden.

Als ich in der Finanzwelt begann, war es nicht das große Geld, das es zu verdienen versprach, was mich motivierte, sondern der Aufbruch: „Wir reißen mit Ihrem Geld keine Bäume aus."

Kein Finanzinstitut hatte bis dahin die Verwendung des Geldes zum Thema gemacht. Mit der Gründung der Ökobank änderte sich das.

In der praktischen Berufstätigkeit als Finanzberaterin gibt es heute enorme Chancen. Diese gilt es zu erkennen und die Gelegenheit zu nutzen.

Frau Müller, wie ist es Ihnen selbst gelungen, eine berufliche Heimat im freien Finanzvertrieb zu finden?

Mein Einstieg über die Ökobank 1988 begann damit, Vorträge zu halten und Interessenten zu den Produkten der Ökobank zu beraten. Ich startete mit einer Agentur, mit Geld-Ideen-Konzepten und mit Ökobank-Produkten, das Ganze im Duett mit einer Juristin aus München.

Als Quereinsteigerin in die Finanzwirtschaft hatte ich zwar einen akademischen Abschluss und Berufserfahrung in der Wissenschaftsorganisation, aber eine grundlegende Fortbildung in der Sache war vonnöten. Zeitgleich nahmen aber private und öffentliche Bildungseinrichtungen das Thema auf und ich habe diese offensiv genutzt.

Frauen können Fertigkeiten und Engagement im Finanzmarkt unbegrenzt einbringen, bezahlt und unbezahlt.

In jedem Bereich sind sie nötig, ob in der Welt der Corporate, der Unternehmen, der Vermögensverwalter oder der Finanzvertriebe. Die Kreativität, Aufmerksamkeit, Fleiß, kurz ihre Kompetenz werden händeringend gesucht.

Von den 17 Nachhaltigkeitszielen der UNO ist ein Ziel Geschlechtergerechtigkeit. Fondshäuser und Vermögensverwalter kommen in Begründungszwang, zu erklären, warum sie männlich monokulturell „unter sich" bleiben. Das hat auch mit der branchenüblichen Orientierung auf individuelles Einkommen zu tun, jede Anstrengung wird danach bemessen. Was bringt mir das an Einkommen, Status, Karrierechancen?

Autonome Lebensgestaltung und gnadenloser Wettbewerb um Bonifikationen oder Kunden schließen sich aus. Lebenszeit, persönliches Engagement ist keine Kategorie.

Die Freiheit in der Selbstständigkeit, der gute Umgangston, sobald man die großen Häuser und Vertriebsheere hinter sich lässt, sind unbezahlbar für unabhängige Beraterinnen. In Zukunft kann eine solche Ausrichtung die Selbstständigkeit erleichtern und aufwerten.

Seit vielen Jahren sind Nachfolgeregelungen für Agenturen und selbstständige Finanzberater*innen ein hoch bewertetes

Thema, aber ein ungelöstes Problemfeld der Handelskammern.

Allein die Gewissheit, dass sich Unternehmenssubstanz in der Finanzberatung schaffen lässt, in der täglichen Arbeit Exzellenz, Ehrlichkeit und aufrichtiges Bemühen honoriert wird und ein Kundenkreis, der den Begriff „family and friends" mit Leben füllt, ist Ansporn und gibt Lebensfreude.

Es hilft also, sich umzuschauen. Social Impact Entrepreneurs schaffen Gelegenheiten, sich zu vernetzen, und geben verstärkende Visionen.

Und macht es nicht viel mehr Spaß, einen Sandelholzsparplan für die Enkelgeneration einzurichten als einen klassischen „Sparplan" abzuschließen, der 0,5 % Zinsertrag und noch weniger verspricht? Oder wäre es nicht eine gute Alternative, in eine ökologische Vermögensverwaltung zu gehen, die die besten Strategien versammelt und so das Risikobewusstsein schärft auf die Faktoren, die dem Finanzmarkt realwirtschaftlich zugrunde liegen, und gleichzeitig planetarische Grundlagen und Grenzen berücksichtigt?

Nur durch Erfahrung lässt sich die Urteilskraft herausbilden, die eine gute Beratung ausmacht. Jederzeit geschieht Unvorhergesehenes, im Leben der Menschen, die Beratung suchen, aber auch bei den Geldanlagen, die ständig modifiziert werden und erst im Zeitverlauf Stärken und Schwächen offenbaren. Ein großer Irrtum der Finanzberatung der letzten Jahrzehnte lag darin, als Ziel eines Finanzplans auszugeben, nicht mehr arbeiten zu müssen. Wann wollen Sie aufhören zu arbeiten? Dieses Mantra war, ist und bleibt irreführend. Die Hoffnungen auf mehr Ertrag durch Sparen, die Vorsorge für ein auskömmliches Dasein in der Zukunft gehen allerdings nicht nur mit einer unterschiedlichen Risikobereitschaft, sondern vor allem mit einer unterschiedlichen Risikotragfähigkeit einher.

Wir sprechen dabei über jenen Teil der Mittelschicht, aus dem sich die Klientel rekrutiert, die Finanzberatung sucht und bezahlen will.

Lediglich 10 % der bundesdeutschen Haushalte verfügen über die Hälfte des gesamten Nettovermögens, ab 500.000 EUR gehört man damit zu 3,8 % der Bevölkerung.

Das durchschnittliche Bruttovermögen von Frauen beträgt 104.000 EUR nach dem 6. Armuts- und Reichtumsbericht der Bundesregierung 2021, das Vermögen der Hälfte aller Haushalte beziffert nur knapp 50.000 EUR (aus dem aktuellen Reichtumsbericht der Bundesregierung zitiert nach der SZ).

Sprechen wir noch kurz über das Thema Erben. Jährlich wird ein dreistelliger Milliardenbetrag in Deutschland vererbt.

Die Erben wissen, dass sie im Laufe ihres Lebens regelmäßig Zuwendungen zu erwarten haben und bekommen. Hier finden wir eine aufgeschlossene Klientel, welche nicht nur Steuern sparen will. Das Thema Geld hat umfangreiche Facetten, sei es als Belohnung oder Anerkennung für ein erreichtes Berufsziel, eine geglückte Familiengründung oder ein hartnäckig angestrebtes Ziel, dem eine Begabung zugrunde liegt. Und viele Frauen wollen nun mal gerne von Frauen in Gelddingen beraten und betreut werden.

Entscheidend wird in der Zukunft aber der Umstand sein, dass in den nächsten Jahren Frauen in die Aufsichtsräte und Vorstände von Unternehmen und Stiftungen einziehen werden. Sie werden es als ihr Recht verstehen und ihren Einfluss zu nutzen wissen. Manch junge Frau in der Finanzbranche kenne ich persönlich noch als Kind aus dem Montessori Kinderhaus. Und heute sehe ich diese selbstbewussten jungen Frauen in den Vorständen großer mittelständischer Unternehmen und Aktiengesellschaften und ihre Mütter (in meinem Alter) agieren im Vorstand großer (Familien-)Stiftungen.

6.4   Akquise von Mitarbeiterinnen

Doch wie kommen Sie an potenzielle neue Mit-
arbeiterinnen heran? Wie können Sie Frauen für Ihr
Unternehmen gewinnen?

Als Frau in der Finanzbranche können Sie sich z. B. in
verschiedenen Frauennetzwerken tummeln. Viele Frauen-
netzwerke sind eine interessante Spielwiese, denn nicht
wenige Frauen arbeiten in niedrig bezahlten Jobs, klagen
über die Nichtvereinbarkeit von Beruf und Familie oder
sind aus sonstigen Gründen unzufrieden mit ihrer beruflichen Situation. In diesen Frauennetzwerken könnten Sie
Vorträge oder Workshops anbieten oder im persönlichen
Gespräch über die guten Möglichkeiten in der Branche
sprechen.

Doch auch als Mann können Sie durchaus einen
Vortragsslot in einem Frauennetzwerk ergattern. Weiterhin
können Sie als Mann natürlich auch Workshops, Seminare
und Vorträge speziell für Frauen zu diesem Thema
anbieten. Doch wie immer kommt es auf den Vortrags-
oder Workshoptitel an, um neugierig zu machen.

Wie wäre es z. B. mit folgenden Vortrags- oder Work-
shoptiteln:

- Einfach mal „Hier" schreien! Raus aus der ungerechten
  Bezahlung – rein in eine neue Herausforderung
- Finanzielle Freiheit für Frauen – nur ein Trendthema
  oder gigantische Chancen für die Zukunft?
- Raus aus der Armutsfalle – rein ins schöne Leben. Wie
  Sie beruflich neue Wege beschreiten können und dafür
  auch noch fair (oder großartig) bezahlt werden

6.5 Fazit

Frauen stehen die Türen in der Finanzbranche mehr denn je offen – als Beraterin, aber auch im Leadership und in den Vorständen von Finanzunternehmen. Viel mehr Frauen sollten zukünftig die Chance dieses großartigen Berufes nutzen!

7

Menschlichkeit trotz Digitalisierung

Die Digitalisierung schreitet voran, davon haben Sie in Kap. 1 ja schon einiges gelesen. Bis zum Beginn der Corona-Pandemie haben die meisten Menschen in der Finanzbranche das Thema Digitalisierung nur mit der Automatisierung von Beratungs- und Antragsunterlagen verbunden.

Je nach Vertrieb gibt es bereits seit Jahren schon praktische Apps, die das Beraterleben stark vereinfachen im Vergleich zu früheren Zeiten. Auch die Beantragung von Finanz-produkten wurde durch verschiedenste Techniken in den letzten Jahren immer einfacher und vor allem papierloser.

So wurde beispielsweise bereits vor vielen Jahren angefangen, dass die Fülle an Finanzierungsunterlagen eingescannt und an die Kreditabteilung gemailt wird oder direkt in einem Programm hochgeladen und der Kreditab-teilung zur Weiterbearbeitung übergeben werden konnte.

© Der/die Autor(en), exklusiv lizenziert durch Springer
Fachmedien Wiesbaden GmbH, ein Teil von Springer Nature 2021
D. Landgraf, *Beratung in der Finanzbranche,* Fit for Future,
https://doi.org/10.1007/978-3-658-34951-6_7

Im Versicherungs- und Anlagebereich können auch bereits seit einigen Jahren die umfangreichen Pflichtunterlagen für den Kunden elektronisch zur Verfügung gestellt werden.

In vielen Vertrieben wurde bereits schon lange vor der Pandemiezeit mit der elektronischen Unterschrift gearbeitet, sodass ein Berater theoretisch nur mit einem Tablet zum Kunden fahren konnte. Apropos Pandemie. Das Jahr 2020 brachte plötzlich ganz neue Dimensionen der Digitalisierung mit sich. Beratungsgespräche konnten von einem Tag auf den anderen nicht mehr live stattfinden. Berater und Kunden mussten sich quasi über Nacht an neue Techniken gewöhnen. All das, was noch im Jahre 2019 von vielen Beratern und Kunden argwöhnisch und mit Skepsis betrachtet wurde, war einige Wochen nach Beginn der Pandemie plötzlich völlig normal, so zum Beispiel das Thema Videoberatung.

Die Frage, die sich zum Zeitpunkt der Entstehung dieses Buches stellt, ist: Was wird in der Zukunft das neue „Normal" sein?

Wie können Sie sich als Berater nun optimal für die digitalisierte Zukunft aufstellen?
Bitte versetzen Sie sich hierzu in die Lage Ihrer Kunden. Was sind die Bedürfnisse und Wünsche eines Kunden an einen Berater? Wie können zum Beispiel Vertrauen und Nähe aufgebaut werden trotz einer räumlichen Distanz?

Auch wenn wir von einem veränderten Markt ausgehen, wird es zum einen das klassische Weiterempfehlungsgeschäft in der jetzigen Form sicherlich weiterhin geben. Zufriedene Kunden werden nach wie vor gerne weiterempfehlen. Zum anderen gibt es heutzutage noch ganz andere Möglichkeiten, Neukunden mithilfe der Digitalisierung zu akquirieren. Die klassischen Weiterempfehlungen können ja nur entstehen, wenn Sie einen Interessenten bereits beraten und von sich und Ihren Produkten überzeugt haben.

Doch wie wäre es, wenn Sie schon viel früher ansetzen? Die Frage ist ja: Wie können Sie auch ohne vorherige Weiterempfehlungen mögliche Zielkunden erreichen und für sich gewinnen? Wie kann ein noch größerer Kundenkreis aufgebaut werden – auch ohne Empfehlungsgeschäft?

An dieser Stelle kommen die sozialen Medien dazu, die ja auch zum Thema Digitalisierung dazugehören.

Für die richtige Nutzung der sozialen Medien schauen wir uns erst einmal ein paar Grundlagen an: Es gibt Statistiken, die besagen, dass man im Durchschnitt 7 Kontakte bzw. Begegnungen mit einem potenziellen Kunden benötigt, bevor dieser kauft. Eine Ursprungsquelle für diese Zahl konnte ich leider nicht ausfindig machen, jedoch wird im Netz und bei Vertriebsschulungen immer wieder diese Zahl genannt. Letztendlich ist die genaue Zahl als solches nicht ausschlaggebend. Fakt ist, es bedarf eines gewissen Vertrauensaufbaus, bevor ein Kunde ein Produkt tatsächlich kauft (Ausnahme: Er braucht es schnell und dringend). Doch dieser Kontakt muss nicht zwingend immer im Eins-zu-eins-Gespräch stattfinden. Die Begegnungen können auch virtuell über die sozialen Medien erfolgen. Je sichtbarer Sie in den sozialen Medien sind, desto eher wird ein potenzieller Kunde das Gefühl haben, Sie bereits persönlich zu kennen.

Die Basis für den Geschäftsabschluss, die zwischen Anbieter und Käufer geschaffen werden muss, heißt Vertrauen. Die meisten Kunden brauchen und wollen gerade

beim Thema Finanzen das Gefühl der Nähe und der Vertrautheit haben. Gerade deswegen ist das Beratungs-
geschäft ja auch von jeher in den meisten Fällen ein
„Face to Face"-Geschäft. Im persönlichen Gespräch kann
die notwendige vertrauensvolle Atmosphäre geschaffen
werden.

Wie wäre es, wenn ein potenzieller Interessent bereits
lange vor einem Beratungstermin schon Vertrauen zu
Ihnen aufgebaut hätte und bereits vor dem ersten direkten
Kontakt zu Ihnen das Gefühl hätte, er würde Sie schon
lange kennen?

Und wie wäre es, wenn die Interessenten bei einem
konkreten Bedarf direkt zu Ihnen kommen und gar nicht
mehr nach anderen Beratern suchen würden, weil sie das
Gefühl haben, Sie seien genau der oder die Richtige?

Genau das ist möglich – dank der Digitalisierung.
Auch wenn durch die Digitalisierung vielleicht die Anzahl
der analogen Begegnungen sinkt, so besteht gleichzeitig die Chance auf eine höhere Anzahl an persönlichen
Begegnungen in der digitalen Welt, sogar unabhängig von
irgendwelchen räumlichen Entfernungen.

Ihre Kunden können überall auf der Welt sein und
dennoch das Gefühl haben, Sie sitzen nebeneinander im
Büro.

Doch wie können Sie dieses Wissen nun nutzen, um
an neue Kunden heranzukommen? Wie können Sie Vertrauen schaffen zu Menschen, die Ihnen bisher noch nicht
begegnet sind?

Die Antwort ist: Social Media! Social Media ist ein
wichtiger Teil der Digitalisierung.

Deswegen gibt es an dieser Stelle ein paar Tipps und
Tricks zur Nutzung von Social Media zum Zweck der
professionellen Kundengewinnung.

7.1 Tipps und Tricks für die Nutzung von Social-Media-Kanälen zur Kundengewinnung

Zunächst gilt es, dass Sie sich Gedanken darüber machen, wo bzw. auf welcher Social-Media-Plattform Sie Ihre Zielkunden finden. Lehnen Sie bitte erst einmal keinen Kanal/keine Social-Media-Plattform pauschal ab.

Um eine Entscheidung für oder gegen eine bestimmte Plattform zu treffen, sollten Sie natürlich wissen, wer Ihre Kernzielgruppe überhaupt ist. Wen wollen Sie am liebsten beraten und betreuen? Worin liegen Ihre größten Kompetenzen? Welche Bereiche beraten Sie am liebsten? Welche Kundenklientel macht Ihnen Freude?

Haben Sie schon einmal eine sogenannte Persona erstellt?

Eine Persona ist quasi der Prototyp Ihres Lieblingskunden. Nur wenn Sie Ihre Kernzielgruppe kennen, können Sie auch zielgruppengenau Ihre Marketingstrategie und die einzelnen Posts aufbauen, denn es ist natürlich ein Unterschied, ob Sie zum Beispiel am liebsten Berufsstarter beraten oder eventuell den Gewerbetreibenden oder denjenigen, der eher am Ende seines Berufslebens steht und sein Kapital strukturieren möchte, um damit bis zum Lebensende auszukommen. Selbst wenn Sie sich auf eine Produktform konzentrieren (Versicherungen, Kapitalanlage, Ruhestandsplanung oder Finanzierungen), so sollten Sie dennoch wissen, welche Personengruppen Sie am liebsten beraten wollen.

Mal angenommen, Sie sind Finanzierungsberater und wollen auf Social Media Ihre Kernzielgruppe ansprechen, dann sollten Sie sich im Vorfeld überlegen, wen Sie mit dem Post erreichen wollen. Welche Inhalte sind für Ihre Zielkunden relevant? Richtet sich Ihr Post vielleicht an

Familien, die sich den Traum vom Eigenheim erfüllen wollen? Dann arbeiten Sie mit anderen Bildern und mit anderer Sprache, als wenn sich Ihre Ansprache an Kapitalanleger richtet, die regelmäßig auf der Suche nach vermieteten Objekten sind. Im ersten Fall bietet sich als Bild vielleicht ein tolles Einfamilienhaus mit schönem Garten an, im zweiten Fall wohl eher das Bild eines Mehrfamilienhauses oder ein symbolisches Bild, das mit guter Rendite assoziiert wird.

Natürlich kann sich Ihr Angebot auch an mehrere Zielgruppen richten, doch für die Erstellung eines Posts auf Social Media empfehle ich, für jede einzelne Interessentengruppe gezielte Personas zu erstellen.

Eine Kunden-Persona erstellen

Zur Erstellung einer Persona (also quasi eines Prototyps Ihres Zielkunden) gehen Sie wie folgt vor:

Zunächst geben Sie Ihrer Persona einen Namen. Ist die Persona männlich oder weiblich? Wie alt ist Ihre Persona?

Beantworten Sie folgende Fragen:

Wie ist die Lebenssituation Ihrer Persona? Lebt er oder sie in einer Ehe oder Partnerschaft? Wenn die Persona in einer Partnerschaft lebt, ist der Partner männlich oder weiblich?

Gibt es Kinder? Wenn ja, wie alt sind die Kinder? Was macht die Persona beruflich? Welchen Bildungsstand hat Ihre Persona?

Was macht die Persona gerne in der Freizeit, welche Hobbys hat sie? Wie lebt die Persona aktuell (in der Stadt? Auf dem Land? In einer Wohnung oder im Haus? In einer Community oder allein?).

Wie hoch sind die monatlichen Einnahmen der Persona? Gibt es bereits Kapitalrücklagen? Wie sieht es mit Krediten aus?

Welche Kenntnisse und Erfahrungen hat die Persona bereits gesammelt in den einzelnen Finanzthemen?

Wenn Sie die Rahmendaten erstellt haben, dann kommt der nächste Schritt, um von den Themen her genau diese Persona zu erreichen. Deswegen stellen Sie die Frage: Was genau ist der Schmerz Ihrer Persona? Was fehlt dieser Persona? Was braucht sie? Und ganz wichtig: Warum sind ausgerechnet Sie genau die richtige Person, um diesen Interessenten zu beraten?

Welche Pläne, Ziele, Wünsche, welche Bedürfnisse und welchen konkreten Bedarf hat Ihre Persona? Was will sie noch erreichen?

Was könnten Vorwände und Einwände der Persona während oder nach der Beratung durch Sie sein? Wie abschlussfreudig ist Ihre Persona?

Eine weitere wichtige Frage ist:

Welche Erwartungen hat die Persona an Sie als Berater und an das Produkt?

Wer sich hierfür Zeit nimmt, wird entsprechend erfolgreich sein, weil Sie dadurch zielgenaue Social-Media-Strategien fahren können.

Im Anschluss daran sollte eine Entscheidung für den einen oder anderen Social-Media-Kanal getroffen werden. Auf welchem Social-Media-Kanal erreichen Sie am ehesten Ihre Persona?

Welche Social-Media-Kanäle sollten Sie nutzen?

Werfen wir einen kurzen Blick auf verschiedene Kanäle. Auf welchem Kanal finden Sie welche Kundengruppen?

Ein paar Anhaltspunkte:

LinkedIn ist ein klassisches berufliches Netzwerk. Privates hat hier nicht viel Raum. Auf LinkedIn werden Sie vor allem dann sichtbar, wenn Sie viel Content bieten. Posting-Inhalte können z. B. regelmäßige (Fach-) Informationen zum Thema Darlehen oder Anlage sein, so beispielsweise Vor- und Nachteile von bestimmten Produkten. Oder Sie räumen mit Vorurteilen auf. Neugierig machen provokante Überschriften, z. B.: „Wie Sie garantiert Ihr Geld vernichten" oder „Warum die Traumimmobilie oft zum Albtraum wird".

Alternativ geben Sie konkrete Tipps: „Wie mein Kunde es schaffte, aus seiner Verschuldungsfalle herauszukommen" oder „Warum die richtige Versicherungsstrategie für Unternehmen überlebenswichtig ist". Meine persönliche Einschätzung möglicher Altersgruppen auf LinkedIn: vor allem Menschen ab 30, die voll im Berufsleben stehen.

Xing ist ebenfalls ein eher berufliches Netzwerk, welches ich persönlich vor allem dann nutze, wenn ich Veranstaltungen organisiere. Ich nutze sehr gerne das Ticket-System von Xing. Hierüber könnten Sie beispielsweise mal einen Informationsabend zu einem bestimmten Thema anbieten.

Auf Xing kann auch gut beruflicher Content gepostet werden. Allerdings ist die mögliche Zeichenanzahl pro Post sehr beschränkt. Hier gilt es kurz und knackig zu formulieren. Auch bei Xing tummeln sich eher die Personen ab der mittleren Altersgruppe.

Auf Instagram dagegen finden Sie tendenziell jüngere Menschen, also Personen zwischen 20 und 40 Jahren, teilweise noch jünger. Instagram lebt von Bildern und Emotionen. In der Instagram-Story (verschwindet nach 24 Stunden wieder) werden gerne Alltagsbilder mit kleinen Animationen gezeigt. Sie sollen die Nähe zum Follower bringen. Bunte, ansprechende Bilder und Mini-Content sind hier der Weg zum Erfolg.

Facebook dagegen wird sehr unterschiedlich genutzt – von einigen Usern ausschließlich privat und andere bauen ihr komplettes Business darüber auf. Über die richtigen Marketingstrategien auf Facebook wurden schon ganze

Bücher geschrieben. Die richtigen Facebook-Strategien können Sie und Ihr Unternehmen in eine großartige Sichtbarkeit bringen. Ich selbst nutze Facebook eher stiefmütterlich, da mein Schwerpunkt auf LinkedIn liegt. Doch hierfür gibt es tolle Experten.

Wenn Sie die ganz jungen Menschen erreichen wollen, dann kommen Sie um TikTok nicht herum. Zugegeben, die User auf dieser Plattform sind teilweise wirklich extrem jung. Doch diese User werden irgendwann ihren Schulabschluss haben und ins Berufsleben starten. Gerade auf dieser Plattform sehe ich großartige Chancen, dass Sie die jungen Menschen schon frühzeitig für sich gewinnen können. TikTok lebt von kleinen Videos, die zwischen 15 und 60 s lang sind. Durch diese Videos können Sie schnell Vertrauen aufbauen und Fans gewinnen. Wer also in 10 Jahren die Young Professionals beraten und betreuen möchte, kommt m. E. nicht um TikTok herum.

Apropos: Wenn Sie gerne Videos aufnehmen und sich vor der Kamera wohlfühlen, dann ist auch ein YouTube-Kanal eine hervorragende Möglichkeit, um Menschen für sich zu gewinnen.

Eine ganz andere Form von Social-Media-Kommunikation dagegen bietet Twitter. Bei Twitter geht es um kurze, knappe Informationen. Twitter ist ein guter Kanal, um seine Sichtbarkeit zu steigern.

Es gibt noch viele weitere Social-Media-Kanäle, zu denen ich jedoch nichts sagen kann, weil ich sie selbst nicht nutze, so z. B. Pinterest, Snapchat, Clubhouse, Flickr, Tumblr und viele mehr.

Mein Tipp: Suchen Sie sich einen bis maximal drei Hauptkanäle aus, damit Sie sich nicht verzetteln. Lieber einen Kanal professionell bedienen, als auf vielen Kanälen unsichtbar zu sein.

Apropos unsichtbar sein:

Wer schreibt, der bleibt

Wie werden Sie denn überhaupt auf Social Media sichtbar? Wie finden potenzielle Interessenten Sie?

Eine Möglichkeit ist es, viel Geld für Werbung in die Hand zu nehmen. Eine viel elegantere, allerdings auch zeitaufwendigere Möglichkeit ist es, die Beiträge von anderen zu liken und zu kommentieren. Wenn Sie sich die Zeit für schlaue Kommentare unter den Posts von anderen nehmen, werden Sie für dessen Follower-Kreis sichtbar. Es werden Menschen Ihre Kommentare lesen, zu denen Sie noch keine direkte Verbindung haben. Hier passt der alte Spruch: Wer schreibt, der bleibt (Zitat laut https://www.redensarten-index.de: Ursprünglich scherzhafter Ausspruch beim Kartenspiel in dem Sinne, dass man demjenigen, der die Punkte aufschreibt, unterstellt, dass er beim Aufschreiben schummelt. Die Redensart soll seit 1900 in Gebrauch sein).

Zurück zu Social Media: Kommentieren Sie fleißig (und bitte wertschätzend) die Posts von anderen.

Eine andere elegante Möglichkeit für mehr Sichtbarkeit ist es, in verschiedene Gruppen zu gehen und dort interessante Inhalte zu posten. Gerade auf LinkedIn, Xing und Facebook gibt es eine Fülle an Gruppen zu nahezu jedem Thema!

Effektive Social-Media-Arbeit bedeutet den Einsatz von Geld oder von Zeit. Doch es lohnt sich. Je sichtbarer Sie sind, desto eher haben Menschen das Gefühl, Sie schon lange zu kennen. Sie bauen dadurch ein Vertrauensverhältnis auf und steigern Ihre Chance auf langfristig gutes Geschäft.

Wenn Sie gute Social-Media-Strategien fahren, entsprechend sichtbar sind und potenzielle Kunden dadurch Vertrauen zu Ihnen aufbauen, dann kommt das Geschäft fast von allein.

Apropos Geschäft: Je bekannter Sie sind und je mehr die Kunden von Ihnen als Mensch beraten und betreut werden wollen, desto weniger Diskussionen haben Sie beim Thema Bezahlung.

Exkurs zum Thema Verdienst

Grundsätzlich gibt es im Finanzvertrieb zwei unterschiedliche Modelle: Provisions- oder Honorarberatung. Am Ende Ihrer Social-Media-Aktivitäten sollte irgendwann das Geschäft und der wirtschaftliche Erfolg stehen.

Deswegen hier noch ein kurzer Exkurs zum Thema Verdienst:

Immer wieder gibt es sehr unterschiedliche Meinungen zum Thema Provisions- oder Honorarberatung. Einige der sehr unterschiedlichen Ansichten hierzu finden Sie auch in diesem Buch bei meinen Interviewpartnern.

Meine Meinung (und Erfahrung) dazu ist: Wenn Menschen Vertrauen zu Ihnen haben, dann ist es am Ende egal, wie Sie bezahlt werden. Wenn Menschen das Gefühl haben, ehrlich und fair beraten zu werden, dann werden diese Menschen Ihnen auch Ihre Provisionen oder Ihr Honorar aus vollem Herzen gönnen.

Social-Media-Präsenz schafft genau das: Sichtbarkeit und Vertrauen.

Verlassen wir nun das Thema Social Media und kommen zurück zum Thema der Videoberatung. Denn neugierig machen über Social Media ist das eine – einen Abschluss mit potenziellen Kunden zu generieren ist das andere. Da die Tendenz zur Videoberatung meines Erachtens immer weiter steigen wird, ist es umso wichtiger, das Einmaleins der Onlineberatung zu beherrschen.

7.2   Das Einmaleins der Onlineberatung

Wie sieht die Zukunft der Finanz- und Vermögensberatung aus? Bleibt das Thema Videoberatung bestehen oder kehren wir zurück zur analogen Face-to-Face-Beratung?

Die Vorteile von Videoberatungen liegen auf der Hand.

Vorteile von Videoberatungen

- Zeiteffektivität für Berater und Kunden.
- Fragen können auch zwischendurch mal in einem kurzen Online-Meeting geklärt werden.
- Fahrzeiten fallen weg.
- Für ein Beratungsgespräch können vonseiten des Kunden auch zum Beispiel Mittagspausen genutzt werden. In früheren Zeiten haben die meisten Beratungsgespräche nach Feierabend des Kunden oder an seinen freien Tagen stattgefunden.
- Örtliche Nähe ist nicht mehr erforderlich. Ein Berater aus München kann ohne Weiteres einen Kunden in Hamburg betreuen.
- Der Berater kann den Wohnort wählen, in dem er gerne wohnen möchte (auch zum Beispiel im Ausland), unabhängig von seinem Firmenstandort.

Dank der Pandemie hat die Akzeptanz von Videoberatungen stark zugenommen und damit die Chancen und Möglichkeiten von Vermittlern.

Nicht nur im persönlichen Gespräch, sondern auch über einen Videocall können Sie Vertrauen aufbauen, vielleicht sogar mehr als in der analogen Welt. Warum ich das behaupte? Sie haben die große Chance, über Onlineberatung die Taktfrequenz der persönlichen Gespräche massiv zu erhöhen.

Fragen Sie sich selbst: Was schafft mehr Vertrauen? Ein langes Gespräch oder mehrere kürzere Gespräche?

In der „alten" Beratungswelt, also vor der Videoberatung, ist doch häufig Folgendes passiert:

Ein Berater sitzt mit einem Interessenten über einen Zeitraum von vielleicht ein bis zwei Stunden zusammen. Sympathie ist vorhanden, der Interessent kann sich potenziell einen Abschluss bei diesem Berater vorstellen.

Doch er hat in den folgenden Tagen noch ein paar weitere Beratungsgespräche, schließlich möchte man ja umfangreich informiert sein. Nun geht dieser potenzielle Interessent noch zu Berater zwei und Berater drei, die ebenfalls ausgesprochen sympathisch sind.

Welcher Eindruck bleibt am längsten präsent? Meistens der Eindruck vom letzten Berater … zumindest, wenn alle Berater gleichermaßen nett und sympathisch sind und nicht einer besonders hervorgestochen hat. Wie hoch ist nun die Chance, dass der Kunde noch mal zum ersten Berater geht, wenn er sich überall gut beraten und betreut gefühlt hat?

Natürlich ist das höchst individuell. Dennoch lohnt es sich, über dieses einmal nachzudenken.

In Zeiten der Videoberatung können Sie durch mehrfache kurze Calls immer wieder Präsenz zeigen und Sie bleiben im Gedächtnis.

Wenn Sie beispielsweise ein Angebot erstellt haben, senden Sie es nicht einfach per Mail zu, sondern vereinbaren Sie einen kurzen, vielleicht 10-minütigen Onlinecall und erklären Ihrem Interessenten kurz persönlich, worauf er seinen Fokus bei dem Angebot richten sollte.

Video schafft viel mehr Nähe, als eine Mail mit Angeboten es jemals schaffen kann. Video schafft auch mehr Nähe als ein Telefonat. Nähe und Nahbarkeit schaffen Vertrauen.

Wenn ein Interessent Vertrauen hat, steigt die Chance eines Abschlusses um ein Vielfaches. Je mehr Vertrauen vorhanden ist, desto weniger werden bei den meisten Menschen die reinen Zahlen, Daten und Fakten den Ausschlag für oder gegen einen Abschluss geben. Natürlich gibt es auch die reinen Zahlen-Daten-Fakten-Menschen, doch die informieren sich häufig ohnehin hauptsächlich im Internet und werden in der Regel nicht zu Ihren Kunden.

Den meisten Menschen sind eine vertrauensvolle Zusammenarbeit und das Gefühl, einen kompetenten Ansprechpartner/eine kompetente Ansprechpartnerin zu haben, wichtiger als nur die reinen Zahlen.

Es darf menscheln – auch in der Videoberatung!

Tipps für ein gutes Video-Setting

1. Sparen Sie nicht an der Kamera. Ein gutes Bild ist sprichwörtlich Geld wert. Gute Webcams sind schon für relativ wenig Geld zu haben. Eine gute Webcam ist ein absolut lohnenswertes Investment.

2. Auch ein guter Ton ist wichtig. Es ist unglaublich anstrengend, zuzuhören, wenn der Ton blechern, hallend oder auf andere Art und Weise unangenehm klingt. Fragen Sie sich selbst: Wann hören Sie gerne zu? Wie wichtig ist für Sie selbst ein guter Ton? Investieren Sie bitte auf alle Fälle in ein gutes Mikro oder in ein gutes Headset.

3. Sorgen Sie für eine gute Internetleitung, gerade im Erst- oder Kennenlerngespräch. Ständige Unterbrechungen, stehendes Bild oder stehender Ton sind einfach nervig. Genauso ist es für Ihr Gegenüber unangenehm, wenn Ton- und Bildspur nicht übereinstimmen. Häufig hat das mit der Internetqualität zu tun. Wenn in Ihrem

Homeoffice das Internet instabil ist, suchen Sie sich ein Büro (und wenn es nur stundenweise ist) oder einen Co-Working-Platz, zumindest für das Erstgespräch.

4. Der erste Eindruck ist wichtig. Achten Sie auf Ihren Hintergrund. Dieser sollte klar und aufgeräumt aussehen. Alles andere lenkt ab oder könnte störend wirken. Auch das Licht sollte stimmen und Ihr Gesicht gut erkennbar sein. Wenn Mimik und Gestik gut gesehen werden können, schafft das ebenfalls Vertrauen. Sollten Sie mit einem Greenscreen und einem künstlichen Hintergrundbild arbeiten, dann ist es ganz besonders wichtig, auf die richtige Beleuchtung zu achten. Ein künstlicher Hintergrund mit Greenscreen-Technik kann professionell und toll aussehen. Leider flimmern die Umrisse bei vielen Usern. Sie kennen das bestimmt, wenn bei schnelleren Bewegungen oder zum Beispiel bei den Haaren das Grün des Screens durchkommt oder sogar kurzfristig Körperteile (zum Beispiel die sich bewegenden Hände) optisch einfach verschwinden.

Kleiner Trick am Rande: Wenn Sie eine gute Webcam haben und den Greenscreen (nicht sich selbst) optimal ausleuchten, dann sind auch mit künstlichem Hintergrund klare Linien erkennbar und Sie können sich normal schnell bewegen, ohne dass etwas verschwimmt, grün durchschimmert oder gar verschwindet.

Bitte investieren Sie in gute Technik für ein optimales Ergebnis bei den Sympathie- und Vertrauenspunkten.

5. Wohin blicken Sie? In einem analogen Beratungsgespräch, wenn Sie also in natura mit einem anderen Menschen zusammensitzen, dann ist es total normal, dass man sich gegenseitig anschaut und optimalerweise zwischendurch in die Augen guckt. Doch wie ist es bei der Videoberatung? Der Wunsch der meisten Menschen ist es, den anderen Menschen anzuschauen während der

Unterhaltung. Doch bei einer Videoberatung sollten Sie beachten, dass das Bild Ihres Gegenübers woanders ist als die Linse Ihrer Kamera. Wenn die Kamera beispielsweise oberhalb Ihres Bildschirms ist und Ihre Videobilder von der Einstellung her nebeneinander sind, dann hat Ihr Gegenüber in dem Moment, wo Sie ihn anschauen, das Gefühl, Sie schauen nach unten und zur Seite.

Wenn Sie bewusst in die Kamera hineinsprechen, dann sehen Sie eventuell das Bild Ihres Gegenübers nicht mehr so richtig gut. Um jedoch Sympathie- und Vertrauenspunkte zu erhalten, sollten Sie direkt in die Kamera sprechen. Dann hat die Person auf der anderen Seite das Gefühl, dass Sie sie direkt ansprechen.

An dieser Stelle verrate ich Ihnen, wie ich das in solchen Fällen mache: Ich stelle die Sprecheransicht ein und platziere mein eigenes Bild genau bei der Kamera. So schaue ich meinem Gegenüber quasi genau ins Gesicht und habe gleichzeitig ein bisschen Kontrolle darüber, dass es auch wirklich so aussieht (da mein Bild ja genau neben der Linse platziert ist).

Eine andere Möglichkeit, den eigenen Blick auf die Kameralinse zu ziehen, ist es, sich einfach einen Smiley zu basteln und diesen direkt um bzw. auf die Linse zu platzieren. Ein Auge des Smileys ist dann quasi die Linse.

Meine Prognose: In ein paar Jahren ist das alles so selbstverständlich, dass wir über diese Tipps lachen! Doch noch im Jahre 2021, zum Entstehungszeitpunkt dieses Buches, gibt es noch unglaublich viele kamerascheue Menschen, vor allem in der Generation 30 plus. Für die jüngeren Menschen und die Kinder ist das Thema Video so normal wie für frühere Generationen das Telefon. Hier können die

Generationen der Babyboomer, X und Y extrem viel von der Generation Z sowie den Kindern und Jugendlichen lernen!

7.3 Fazit

Die Branche wird zunehmend digitalisiert – und das auf vielen Ebenen. Es fängt mit Beratungs- und Analyseprogrammen an, geht über die komplette digitale Abwicklung bis hin zur digitalen Kundenberatung.

Ich glaube jedoch nicht, dass eine künstliche Intelligenz einen Berater aus Fleisch und Blut irgendwann überflüssig machen wird. Die künstliche Intelligenz wird vielleicht zukünftig vermehrt für die standardisierte Beratung an Bedeutung gewinnen (Stichwort Robo-Advisor – mehr dazu im nächsten Kapitel), doch gerade wenn Menschen eine individuelle Beratung und einen empathischen Zuhörer brauchen, kommt die künstliche Intelligenz sicherlich an ihre Grenzen – zumindest für die nächsten Jahre.

Menschen wollen – vor allem bei komplexen Themen – von Menschen beraten werden. Es darf menscheln. Perfekt sein dürfen Sie der künstlichen Intelligenz überlassen. Echt ist schöner als perfekt!

Um jedoch am Markt zu überleben, sollte Zeit oder Geld in die eigene Sichtbarkeit investiert werden. Sichtbarkeit bringt Vertrauen. Vertrauen bringt Kunden.

Abschließen möchte ich dieses Kapitel mit einem Zitat von Carl Josef Neckermann: „Wer nicht mit der Zeit geht, geht mit der Zeit."

8

Experteninterviews

Wie Sie ja schon wissen, habe ich für dieses Buch verschiedene, spannende Menschen aus der Branche interviewt. Jede von diesen Personen hat einen ganz eigenen Hintergrund. Silke Bittmann, Wiebke Schattschneider und Christine Müller haben Sie schon kennengelernt. In diesem Kapitel lesen Sie neben weiteren spannenden Antworten dieser drei Interviewpartnerinnen zudem noch das komplette Interview mit der Journalistin und Geldcoach Dani Parthum.

8.1 Interview 1: Silke Bittmann, Anlageberaterin

„Sparbücher sind Bücher, die man sich sparen kann."

© Der/die Autor(en), exklusiv lizenziert durch Springer
Fachmedien Wiesbaden GmbH, ein Teil von Springer Nature 2021
D. Landgraf, *Beratung in der Finanzbranche,* Fit for Future,
https://doi.org/10.1007/978-3-658-34951-6_8

Frau Bittmann, wie sehen Sie die Zukunft der Finanzierungsberatung?

Eine sehr spannende Frage. Ich könnte mir vorstellen, dass sich die folgende Situation noch verschärft: Wer einen Kredit benötigt, muss niedrige Zinsen zahlen. Wer Geld anlegen will, bekommt bei Banken NICHTS für sein Geld oder muss sogar noch Aufbewahrungsgebühren zahlen. Deswegen werden strategisch sinnvolle Investitionen immer bedeutender.

Welche Problemfelder und welche Chancen sehen Sie?

Problemfelder: Dauernde Regulierung von freien Vermittlern und künstliche Aufrechterhaltung des maroden Bankensystems.
Chancen: Weil Banken teilweise kein (Kunden-)Geld mehr annehmen, gibt es gute Chancen für bankenunabhängige Projekte, z. B. Crowdfunding-Projekte.

Wie sollte sich die Branche Ihrer Meinung nach auf die Zukunft vorbereiten?

Sie sollte auf jeden Fall digital gut aufgestellt sein. Wichtig ist aber auch die ganz persönliche Komponente. Wer in der Finanzbranche arbeitet, sollte fachlich gut informiert sein und persönlich mit viel Empathie ausgestattet sein, dass immer eine bedarfsorientierte Kundenberatung rauskommt.

Was sollte denn der Finanz- oder Anlageberater von morgen mitbringen?

Der Anlageberater von morgen sollte neben hervorragenden Kenntnissen über den Finanzmarkt im Allgemeinen auch ein großartiges Netzwerk haben, denn keiner kann alle Bereiche des breiten Spektrums der Kapitalanlagen alleine abdecken. Im Speziellen sollte sich der Berater/die Beraterin bewusst für eine Disziplin entscheiden, in der er/sie sich am besten auskennt und am meisten Interesse hat. Neben Fachkenntnissen sind soziale Fähigkeiten wie Empathie sehr wichtig, damit die Kunden sich ebenso gut beraten wie auch gut aufgehoben fühlen.

Mein eigener Fokus richtet sich auf die Kapitalanlagen mit Nachhaltigkeit und sozialer Verantwortung (meist konkrete Projekte). Wenn jemand nach ETFs fragt, empfehle ich eine Kollegin.

8.2 Interview 2: Wiebke Schattschneider, Diplom-Bankbetriebswirtin (BA)

Frau Schattschneider kam bisher schon des Öfteren zu Wort. Sie kennt die Branche bereits seit einigen Jahrzehnten und hat daher schon viele Veränderungen selbst miterlebt. Auch sie hat mir ihren persönlichen Blick auf die Zukunft der Branche erzählt.

Welche Prognosen haben Sie für die Zukunft der Finanzbranche?

Die Finanzberatung unterliegt seit einigen Jahren mehr und mehr vielerlei gesetzlichen Regularien, sowohl hinsichtlich der Qualifizierungsanforderungen an die Berater*innen (Fach- und Sachkundenachweise, Weiterbildungsnachweise etc.) als auch hinsichtlich der rechtlichen Rahmenbedingungen, wie vermehrter Unterlagenerfordernisse oder Qualitätsanforderungen an die Finanzgeschäfte als solches. Dies wird *sich definitiv auch weiter fortsetzen und evtl. sogar noch verstärken.*

Dies führt meines Erachtens auch dazu, dass vermehrt ältere und erfahrene Finanzberater*innen ihre Tätigkeit beenden und eine Fokussierung auf das eigene Kernbusiness erfolgt. Der Generalist wird aus meiner Sicht mehr und mehr verschwinden und es zeichnet sich eine Entwicklung zum Spezialisten ab. Um den Kunden dann ganzheitlich zu beraten, sind Zusammenschlüsse unter einem gemeinsamen Haftungsdach oder einer Bürogemeinschaft sinnvoll und wahrscheinlich.

Banken ziehen sich vermehrt mit ihrem Filialangebot zurück. Dies wird neuen Raum für freie Finanzberater schaffen. Wichtig ist hier, die neutrale und ungebundene Finanzberatung in den Vordergrund zu stellen, die keinerlei Institutsbezug hat. Damit können die Berater*innen wie ein Makler für ihre Kunden agieren und gemeinsam die für den Kunden beste Lösung herausfinden und erarbeiten. Solange Berater*innen fest einer Bank oder einer Versicherung, egal ob als Angestellte oder Handelsvertreter gem. § 84 HGB, angeschlossen sind, unterliegen sie zwangsläufig den Interessen und Vorgaben ihrer Institute. Noch heute kann ich an der Zusammensetzung von Wertpapierdepots erkennen, bei welcher Bank der Kunde ist, weil einfach noch viele „hauseigene" Fonds enthalten sind.

Was sich sicherlich in der Zukunft auch ändern wird, sogar ändern muss, ist das Thema der Bezahlung für Finanzdienstleistung. Während bislang oft kritisch über die abschlussbezogene Verprovisionierung diskutiert wird, ist die honorarbezogene Vergütung vielfach noch nicht anerkannt. Es wird darum gerungen, was Finanzdienstleistung kosten darf. Während es bei anderen Berufsgruppen wie Juristen oder Steuerberatern gang und gäbe ist, feste Honorare projekt-bezogen, aufwandsbezogen, an der Beratungsleistung orientiert, zu vereinbaren, tun sich viele Kunden mit Honoraren in der Finanzbranche noch schwer. Da bedarf es noch einiger Informations- und Aufklärungsarbeit sowie Transparenz. Gegebenenfalls helfen hier auch Rahmen und Vorgaben vergleichbar mit denen bei Juristen und Steuerberatern.

Wenn man Corona etwas Positives abgewinnen will, dann ist es definitiv ein deutliches Vorankommen in der Digitalisierung. Und das hat die Finanzbranche dringend nötig. Was wurden dort in der Vergangenheit und teil-weise auch noch jetzt für Papierberge bewegt! Auch hier sind kleinere Unternehmen deutlich schneller und wendiger als große Finanzvertriebe und schaffen passgenauere Lösungen für die Berater*innen und die Lösungen für die Kunden. Die Digitalisierung schafft neue Finanzangebote via Robo Advice, Vergleichsportale und somit größere Transparenz. Der Kunde hat somit mehr Auswahlmöglichkeiten, wie Finanz-beratung und Lösungen gestaltet und umgesetzt werden können. Viele Finanzdienstleistungen gerade im Standard-bereich werden meines Erachtens zukünftig vermehrt digital ablaufen. Doch bei aller Digitalisierung bleibt auch die persönliche Beratung und Betreuung weiterhin von großer Bedeutung. Denn Menschen wollen von Menschen beraten werden. Digitale Vergleichsmöglichkeiten schaffen zwar neue Informationswege, jedoch braucht es oftmals auch die Ein-ordnung durch erfahrene Finanzberater und Fokussierung auf die individuelle Kundensituation. Gerade für individuelle Konzepte im Vermögensmanagement oder im Finanzierungs-bereich werden weiterhin das Spezial-Know-how und die Erfahrung von Finanzberater*innen gebraucht und geschätzt.

Welchen Rat geben Sie Beraterinnen und Beratern, damit diese langfristig am Markt bestehen bleiben und auch in zehn Jahren noch ihr Geld in der Branche verdienen können?

Wichtig für Berater*innen ist es, sich kontinuierlich weiterzubilden, am Puls der Zeit zu bleiben und ein offenes Ohr für die Bedürfnisse und Entwicklungen zu behalten, sowie neugierig zu bleiben. Dies gilt insbesondere für die sich ändernden Bedürfnisse, Erwartungen und Lebensmodelle der Generationen Y, Z, etc. Wer hier nicht zuhört, nicht anpassungsfähig agiert und sich nicht vorbereitet, hat verloren. Wer nicht mit der Zeit geht, geht mit der Zeit. Veränderungen hat es immer gegeben, es gibt sie aktuell und es wird sie auch zukünftig weiterhin geben. Wichtig ist, diese als Chance zu sehen und zu gestalten.

8.3   Interview 3: Dani Parthum, Geldcoach und Journalistin

Ein weiteres spannendes Interview habe ich mit Dani Parthum geführt. Sie ist Diplom-Ökonomin, Finanzanlagenfachfrau, Geldcoach für Frauen, Journalistin und Finanzbloggerin.

Frau Parthum, Ihre These ist: Finanzvertriebe haben keine Zukunft! Warum?

Nichts ist im bundesrepublikanischen Finanzvertrieb und in der provisionsbasierten Anlage „beratung" so konstant wie die fachliche Fehlberatung und der Verkauf von mangelhaften, teuren Produkten. Sie lesen ganz richtig: fachliche Fehlberatung. Als unabhängiger Geldcoach für Frauen,

Diplom-Ökonomin und geprüfte Finanzanlagenfachfrau IHK nenne ich das so.

Haben Sie Beispiele dazu?
Fehlberaten wurde beispielsweise die Teilnehmerin meines Online-Finanzkurses, die bei einem Kind zwei (!) Riester-Renten und eine Lebensversicherung zur Altersvorsorge unterschrieben hatte. Ein anderes Beispiel ist eine Teilnehmerin Anfang 60, große Rentenlücke, selbstständig tätig mit Ärzteversorgung. Ihr hatte ein Strukturvertriebler, der sich Fachberater und Spezialist für Ruhestandsplanung nennt, zwischen 2013 und 2016 sechs Renten- und Lebensversicherungsprodukte verkauft. Sechs. Darunter eine Rürup-Rente, zwei identische Versicherungen und eine hochkomplexe Vermögenspolice.

Kleine Info am Rande:

Das Kreditwesengesetz definiert den Grundrahmen für die Anlageberatung, dass die Anlageempfehlung „auf eine Prüfung der persönlichen Umstände des Anlegers gestützt oder als für ihn geeignet dargestellt wird …" (§1 Abs. 1a Satz 2 Nr. 1a KWG). Dieser rechtliche Rahmen galt schon 2013, als dieser „Fachberater" meiner Teilnehmerin die ersten Policen verkaufte. Er musste also bei seiner „Beratung" sowohl die persönlichen Umstände der Ratsuchenden berücksichtigen als auch eine Geeignetheitsprüfung anfertigen, genau wie 2016 beim Verkauf dieser Vermögenspolice.

Um ihre Rentenlücke zumindest im Ansatz zu schließen, hätte in diesem Fall ein Produkt gereicht inklusive eines belastbaren Finanzplanes bis zur Rente. Eine fachlich korrekte Geeignetheitsprüfung hätte zudem ergeben: Die Klientin verfügt – wie die Mehrheit der Ratsuchenden – über ein nur sehr eingeschränktes Finanzwissen. Sie war deshalb zu keiner Zeit in der Lage, die Konstrukte hinter den Versicherungen zu verstehen und damit die Folgen für sich zu bewerten.

Den finanziellen Schaden aber hat sie, obwohl sie jeden Euro braucht, um ihre Rentenlücke zu verkleinern. Der Schaden beispielsweise aus der Vermögenspolice betrug allein 2020 fast 1100 EUR. Eingezahlt hatte sie den Jahresbeitrag von 6000 EUR. Dem Policenwert gutgeschrieben wurden aber nur 4900 EUR, obwohl die Aktienmärkte den Vorjahreswert längst wieder überstiegen hatten. Für die vier Jahre, die der Vertrag bis zu diesem Zeitpunkt lief, betrug ihr nominaler Verlust 3150 EUR, mehr als 13 % des eingezahlten Geldes. Die entgangenen Gewinne aus einer alternativen Geldanlage nicht eingerechnet. Ob das in der noch verbleibenden Vertragslaufzeit von 5 Jahren aufzuholen ist? Nein, da braucht es keine komplizierte Mathematik, um das zu beantworten. Sie startet folglich mit weniger Guthaben in die Verrentung, als sie einbezahlt hat. (Was die Gesellschaft offensichtlich schon einkalkuliert hatte. Für die Vermögenspolice heißt es: „Zum Rentenbeginn steht mindestens das zu Vertragsbeginn festgelegte Garantiekapital von 90 % der gezahlten Beiträge zur Verfügung.“) Für ihre andere kapitalgebundene Lebensversicherung erhält sie von der gleichen Gesellschaft außerdem einen niedrigeren Rentenfaktor, als im Vertrag steht. Die Gesellschaft hatte den Rechnungszins 2020 abgesenkt. Und was ist mit dem Spezialisten für Ruhestandsplanung, der ihr diese Verträge verkauft hat? Er hat für jeden Vertrag Abschlussprovisionen erhalten, also mehrere Tausend Euro kassiert. Dazu fließen ihm u. a. jährlich Stückzinsen zu und fortlaufend Bestandsprovisionen. Er hat also real mehr Geld auf dem Konto. Sie dagegen unwiderbringlich weniger, ohne dafür die Gegenleistung erhalten zu haben: eine solide Rente ohne Verluste.

Fachlich ist die Sache klar: Nicht die Ratsuchende mit ihren Sorgen und persönlichen Umständen stand im Mittelpunkt des Dienstleisters, sondern das Grundübel des Provisionsvertriebs: Geld wird vor allem mit Neuabschlüssen verdient, nicht mit persönlich passgenauer Beratung, *wohl wissend, dass das für viele Kund*innen mit persönlichen Vermögensschäden einhergehen wird. Von den emotionalen Schäden will ich gar nicht reden. Die sind enorm.*

Ist das nicht eher die Ausnahme, Frau Parthum?

Das ist leider seit Jahrzehnten Praxis. Der europäische Gesetzgeber versucht zwar mit immer neuen Gesetzen, dieser intransparenten Selbstbedienungskultur einen Riegel vorzuschieben und eine wertebasierte Finanzberatung zu etablieren, allerdings nur mit mäßigem Erfolg. Würden Anlageberater*innen wirklich ihre Kund*innen in den Mittelpunkt ihres beruflichen Handelns stellen — wie sie es lauthals öffentlich immer betonen — und ihnen mit ihrem Wissen und ihrer Erfahrung dienen, bräuchte es solche Gesetze nicht.

Worin sehen Sie das Hauptproblem eines Provisionsfinanzvertriebs?

Der Provisionsfinanzvertrieb hat eine Achillesferse: Sein Geschäftskonzept baut auf die Unwissenheit seiner Zielgruppen. Er ist darauf angewiesen, dass seine Kundschaft nicht finanzgebildet ist. Finanzschlaue Menschen durchschauen teure, intransparente und nachteilige Finanzprodukte und bemerken, dass der Finanzvertrieb sie nicht passend zu ihrer persönlichen Situation berät, sondern Standardprodukte verkaufen will. Finanzgebildete Menschen meiden deshalb die Branche.

Doch die Menschen haben ja immer mehr Möglichkeiten, sich zu informieren. Wird sich dadurch der Finanzvertrieb verändern, Frau Parthum?

Ich denke schon und hoffe es auch sehr. Die Unwissenheit wird nicht bleiben. Dank der Digitalisierung demokratisiert sich Finanzwissen derzeit rasant und ist oft gratis zugänglich. YouTuber produzieren leicht konsumierbares Wissen in kurzen Videos. Podcasts brechen komplexes Wissen in leicht verständliche Häppchen herunter, Finanzblogger*innen und Geldcoaches wie ich schreiben in einfachen Worten über praktische Finanzaspekte jeder Art und bieten Onlinekurse an, ausgebildete Honorarberaterinnen teilen ihr Wissen in Newslettern und auf ihren Blogs und Influencer*innen in den sozialen Netzwerken reden über Aktienkurse und Geldanlage so selbstverständlich wie über das Abend-Make-up. Flankiert wird diese Dynamik von zahlreichen Vereinen, Verbänden und Interessensgruppen, die sich Finanzbildung auf die Fahnen geschrieben haben (nicht immer frei von Interessenskonflikten). Weiterhin gibt es eine Flut an Finanzbüchern für jeden Geschmack, Bildungsstand und Seriösitätslevel – vom BWL-Professor über Fachleute oder auch selbst ernannte Expert*innen bis hin zur bloggenden Mutter.

Sehen Sie Unterschiede bei den verschiedenen Altersgruppen?

Die Millennials ahnen: Die gesetzliche Rente wird nicht reichen. Riester ist wissenschaftlich nachgewiesen umstritten. Also müssen sie selbst ran ans Thema. Die Generation Z will ein entspanntes Leben. Da gehört eine einfache Altersvorsorge dazu, z. B. über den Arbeitgeber oder einen Robo-Advisor (Hinweis: Das Wort Robo-Advisor setzt sich aus den Worten Robot, also Roboter, und Advisor, also Berater, zusammen und beschreibt eine Technik, die Menschen den Zugang zu einer professionellen, computergesteuerten Vermögensberatung ermöglicht).

Die Generation X dagegen ist ein gebranntes Kind. Sie hat viele dieser unrentablen Lebensversicherungen jahrzehntelang bespart und darüber das Vertrauen in die provisionsbasierten Vermittler*innen verloren. Schon vor der Rente, weil die Lebensversicherungen nicht gut laufen und sie versuchen, das Ruder mit einer eigenen Geldanlage noch ein wenig herumzureißen. Spätestens im Rentenalter merken sie, dass ihre Rentenverträge doch nicht so hohe Renten einbringen wie versprochen und optisch hübsch hochgerechnet wurden. Werden sie ihren Kindern, der Generation Z, solche Verträge empfehlen? Eher nicht.

Zudem sind die nachfolgenden Generationen der englischen Sprache mächtig. Sie können deshalb mit geringem Aufwand die hervorragende englischsprachige Finanzliteratur und private Blogs von prominenten Financial Plannern erkunden und sich dort sehr viel Wissen und Erfahrung aneignen.

Die privaten Finanzbildungsoffensiven und der einfache Klick zu internationalem Finanzwissen trifft auf niedrigschwellige Zugangswege zu Aktien, ETFs, Aktienfonds und Derivaten jeder Art. Zum Produktivkapital also. Weltweit. Die FinTechs – allen voran Neo-Banken, Neo-Broker und Robo-Advisor wie N26, TradeRepublic und Scalable – haben die Geldanlage innerhalb von nur 5 Jahren revolutioniert: Geldanlage und damit der Vermögensaufbau für das Alter sind durch sie einfach, ansprechend und supergünstig geworden. Und mobil, weil sie alle App-basiert und damit smartphonetauglich sind. Das Depot ist damit in der Hosen- oder Handtasche immer dabei. Natürlich werden sich diese Geschäftsmodelle weiterentwickeln. Was sicher bleibt, sind die Einfachheit des Zugangs zu den internationalen Börsen und der Druck auf die etablierten Finanzplatzhirsche. Die deutsche Finanzwirtschaft mit ihren bürokratischen Strukturen und ihrer arroganten Kultur hat das schmerzlich erfahren.

Wer braucht da noch Finanzvertriebe, die auf Unwissenheit ihrer Klientel bauen, die Geldanlage extrem verteuern, umständlich sind und überwiegend mangelhafte, intransparente und unflexible Altersvorsorgevehikel als vorrangige Lösungen im Angebot haben?

Frau Parthum, wie schnell könnten diese neuen Möglichkeiten denn in Deutschland bekannter werden und sich verbreiten?

Kennen Sie die Minority Rule? Sie besagt, dass wenn die Zahl von engagierten Meinungsbildnern unter 10 % liegt, sich deren Ideen nur schwer verbreiten. Liegt ihre Anzahl dagegen über 10 %, verbreiten sich ihre Ideen wie eine Flamme. Beobachtet haben diesen Zusammenhang Wissenschaftler vom US-amerikanischen Rensselaer Polytechnic Institute 2011. Verbreitet sich die Idee innerhalb Deutschlands, dass nur eine eigene Finanzbildung zu einer sicheren Altersvorsorge, zu persönlichem Wohlstand und Finanzstabilität führt, haben Finanzvertriebe keine Zukunft. Und 10 % könnten schon bald erreicht sein.

Das klingt ja erst einmal nicht so positiv für den Finanzvertrieb, wie er aktuell existiert. Was raten Sie denn Menschen, die in dieser Branche arbeiten?

Was Menschen in dieser komplexer werdenden Welt auch in der Zukunft brauchen, sind Orientierung, ein Blick von außen, Motivation, eine helfende oder auch mal schützende Hand, um sich nicht von Ängsten oder Euphorien treiben zu lassen. Sie wollen ernst genommen werden mit ihren Finanzfragen und Sorgen, sie wollen gesehen und verstanden werden und sie wollen wissen, wie viel sie für was bezahlen.

Das Bedürfnis nach Selbstbestimmtheit und die Umbrüche durch die Digitalisierung mit ihrer Wissensdemokratisierung sprechen gegen das Geschäftsmodell des Finanzvertriebs und für eine wertebasierte Honorarberatung. Provisionen, selbst offengelegte, korrumpieren. Was den Finanzvertrieb noch am Leben erhält, sind meiner Meinung nach Politiker*innen, die – beeinflusst vom mächtigen Lobbying der Branche – schützend mit Gesetzen ihre Hand über den Versicherungs- und Strukturvertrieb halten und bisher eine interessenfreie Alltagsfinanzbildung in den Schulen verhindert haben. Aber auch das wird nicht von Dauer sein. Ich setze auf die Minority Rule.

Ehrliche und kompetente Finanzberater*innen haben eine große Zukunft vor sich als sinnvolle Tätigkeit mit guten Verdienstmöglichkeiten. Finanzvertriebe nicht. Dafür werde auch ich sorgen – als transparenter, nahbarer Geldcoach und streitbare, unabhängige Finanzbloggerin, Autorin und Referentin. Mein Ziel sind die finanzielle Selbstermächtigung, vor allem von Frauen jeden Alters (aber freilich auch von Männern), und die Entmystifizierung des gesamten Geldthemas durch eine umfassende, leicht zugängliche Finanzbildung. Finanzschlaue Menschen sind für immer für provisionsgesteuerte Finanzvertriebe verloren.

8.4 Interview 4: Christine Müller, Financial Planner

Die nächsten interessanten Ansätze kommen von Frau Christine Müller, einer der Interviewpartnerinnen, die Sie ja schon in den vorherigen Kapiteln kennengelernt haben.

Frau Müller, wie sehen Sie die Zukunft der Finanzberatung?

*Die Digitalisierung und im Gefolge die Robo-Advisors
erwecken die Illusion, dass Geschwindigkeit alles ist und jeder
seines Glückes Schmied sein kann.*

*Dabei beweist das Stakkato an Finanzskandalen, dass
bandenmäßiger Betrug im Datendschungel gedeiht und die
Kontrollinstrumente, Autoritäten und Personen, die schützen
sollen und könnten, dies aber nicht tun (wollen).*

*25 Jahre meiner Tätigkeit, die mir jetzt von der Handels-
kammer Hamburg beurkundet wurden, waren unein-
geschränkt ein Gewinn.*

Wie beginnt eine gute Finanzberatung Ihrer Meinung
nach?

*Eine gute Statusanalyse ist das A und O, egal um welche Ver-
mögenswerte es sich dabei handelt.*

*Immobilienvermögen wird gleichermaßen über- und
unterschätzt, ist emotional aufgeladen als Sicherheit ver-
sprechender Anker und Familienzugehörigkeit.*

*Die Kernfrage in der Beratung bleibt: Welche Faktoren, die
mein Einkommen in Zukunft ausmachen, kann ich beein-
flussen und kenne ich sie überhaupt?*

*Vielleicht ist deshalb die steuerliche Betrachtung der Geld-
anlage und des Sparens in Deutschland so ausgeprägt, ein Blick
auf das allgemeine Umfeld (Demografie), die Staatsausgaben
(Infrastruktur oder Verschuldung), den Ressourcenverbrauch
(CO_2-Emissionen, Landschaftszerstörung, Wasserverbrauch
und Wasserverschmutzung u. v. m) würde hingegen helfen, zu
verstehen, womit Einkommen erwirtschaftet wird und wie ich
als Sparer, Privatanleger oder Investor profitieren kann.*

Anstatt – oftmals vergeblich – auf die Expertise von Experten des globalen Kapitalmarktes zu setzen, nehme ich sie beim Wort – „Höhenflug des Dax? Was soll das sein?" – und gehe den Dingen auf den Grund. Lesen bildet. Nicht das Internet. Märkte verändern sich. Der Blick in den Rückspiegel ist ein schlechter Ratgeber und definitiv kein Pathfinder.

Menschen wollen dazugehören, wissen, woher sie kommen und wohin sie gehen.

Was genau ist die Ökobank und welches Ziel verfolgt sie?

Mit der Gründung der Ökobank 1988 ist in Deutschland eine neue Bewegung in die Geldanlage gekommen: Kein Geld in Apartheid, Atomstrom und Waffen, aber in die gezielte Unterstützung von Frauen und Minderheiten und sozial ökologische Projekte.

Zwar ist die Ökobank mit der Fülle ihrer Ziele und ihren maximalen Irrtümern als Genossenschaftsbank gestrandet, das Bedürfnis nach Transparenz in Gelddingen, Selbstbestimmung und langfristiger Orientierung von Ertrag und Wirksamkeit wurde aber ausgeprägt und war fortan in der Welt.

Mit dem Thema „social impact investing" können die Umweltbewussten und Erben am meisten anfangen. Sie sind behütet aufgewachsen, weitestgehend einverstanden mit den Auffassungen ihrer Eltern. In Deutschland ein besonders bemerkenswerter Umstand, der die Nachgeborenen ohne eklatante Beschädigungen der Kriegs- und frühen Nachkriegszeit hat aufwachsen lassen.

Optimistisch sagen die einen, das Thema sei in der Finanzbranche angekommen. Ich fürchte inzwischen, dass die Einführung von ESG-Kriterien (Hinweis: ESG-Kriterien: Berücksichtigung von Kriterien aus den Bereichen Umwelt (Environment), Soziales (Social) und verantwortungsvolle

Unternehmensführung (Governance)) und MiFID II auch nach gesetzlich verordneter Berücksichtigung in der Beratung ablenken und keineswegs konzentrierte Anstrengungen bei den Akteuren auslösen.

Das Stockholm Environment Institute, welches 1989 gegründet wurde, hat herausgearbeitet, dass die Finanzmediäre ihren Aufgaben nicht genügen und das Thema der ökologischen Folgen des Wirtschaftens bewusst vernachlässigen, obwohl es bei institutionellen und privaten Anlegern nachgefragt wird und positiv besetzt ist.

Das Thema Klimawandel hat Fridays for Future wortgewandt mit Argumenten und Fantasie auf die Straße gebracht.

Das Interesse an zukunftsfähigen Investitionen und Geldanlagen ist definitiv gewachsen.

Ticken die Generation Z und die jetzigen Heranwachsenden anders?

Fridays for Future verkörpert als Bewegung eine Generation, die vergleichsweise unbeschädigt aufwachsen konnte und nicht zögert, ihr Wissen, ihre Einsichten und ihre Interessen auf die gesellschaftspolitische Bühne zu bringen. Die gleichgültige materielle Orientierung einer vermeintlichen Mehrheit (von Konsumenten, Wählern etc.) ist ihr zuwider und sie vermag es, diese vielversprechend, gewinnend und vielstimmig zu orchestrieren.

Mit dieser jungen Generation von Umweltaktivisten – ihrer Entschlossenheit und ihrer Zuversicht – sind auch die Erben angesprochen und es ist eine außergewöhnliche Chance, die jede beauftragte Marketingkampagne in den Schatten stellt.

8.5   Fazit

Natürlich hat niemand eine Glaskugel und kann vorhersehen, was in der Zukunft wirklich passiert. Die Meinungen gehen weit auseinander. Doch die hier dargestellten Meinungen und Prognosen sind ein Spiegel von vielen Marktbeteiligten.

Um Ihnen noch einen besonderen Tipp für die Zukunftsfähigkeit mit an die Hand zu geben, möchte ich Ihnen im folgenden Kapitel noch das Thema DIN-Normen vorstellen.

9

DIN-Normen in der Finanzwirtschaft

Haben Sie schon einmal etwas von den DIN-Normen in der Finanzwirtschaft gehört? Die erste DIN-Norm für die Beratung von Privatkunden trat 2019 in Kraft. Seitdem sind weitere Normen entstanden oder zum Entstehungszeitpunkt dieses Buches in der Entstehung.

Ich gebe es zu: Am Anfang war ich sehr skeptisch! Wer braucht denn so was? Wieso sollte eine *Beratung* genormt bzw. standardisiert werden? Menschen sind individuell und wollen individuell beraten werden. Ich tappte in die gleiche Falle, in die viele Berater*innen hineintappen, wenn sie das erste Mal etwas von der DIN-Norm 77230 hören. Es geht nämlich gar nicht um die Standardisierung der Beratung, sondern um die Normung, also Standardisierung des Prozesses für die **Analyse** der Kundensituation.

© Der/die Autor(en), exklusiv lizenziert durch Springer Fachmedien Wiesbaden GmbH, ein Teil von Springer Nature 2021
D. Landgraf, *Beratung in der Finanzbranche,* Fit for Future,
https://doi.org/10.1007/978-3-658-34951-6_9

Zum Zeitpunkt der Buchentstehung haben wir am Markt häufig noch folgende Situation:

Ein uninformierter Kunde sucht Rat beispielsweise bei drei unterschiedlichen Berater*innen – einer nennt sich unabhängiger Berater, die nächste ist vielleicht in der Ausschließlichkeit tätig und ein Dritter arbeitet für eine Bank. Ich behaupte: Jede*r von diesen Berater*innen setzt andere Schwerpunkte in der Analyse und der Kunde kommt mit drei unterschiedlichen Auswertungen über seine Versorgungslücken und Bedarfe nach Hause – völlig irritiert. Was ist denn nun vorrangig abzusichern? Was sollte man als Erstes machen? Die Bildung einer Liquiditätsreserve? Die Tilgung von Konsumentenkrediten? Die Altersvorsorge, die Absicherung einer möglichen Berufsunfähigkeit? Oder doch lieber die Krankenzusatz- und Pflegeversicherung? Und wie ist das mit den ganzen Sachrisiken oder den finanziellen Wünschen in der Zukunft?

Die Verwirrung ist oft groß. Häufig werden aus Unwissenheit dann die falschen Verträge abgeschlossen oder vor lauter Verwirrung gar nichts gemacht. Alternativ könnte diese Person auch die „Do-it-yourself"-Strategie fahren. Möglichkeiten im Internet gibt es ja genug, wie Sie schon in den vorherigen Kapiteln gelesen haben.

Genau hier kommt die DIN-Analyse zum Einsatz.

9.1   Nutzen einer standardisierten Analyse

Lassen Sie uns einen Vergleich zum Arztbesuch machen, um das Thema DIN-Normen noch weiter zu verdeutlichen:

Mal angenommen, einem Patienten wird beim Arzt Blut abgenommen, weil er sich ständig müde fühlt und infektionsanfällig ist. Die Blutprobe wird nun in drei verschiedene Labore gesendet.

Und mal angenommen, aus diesen drei Laboren kommen nun ganz unterschiedliche Analyseergebnisse zurück.

Das eine Labor stellt vielleicht einen Eisenmangel fest, das nächste einen Mangel an weißen und das dritte einen Mangel an roten Blutkörperchen. Welchem Labor glaubt dieser Patient nun? Und welches ist die richtige Behandlungsform?

Ähnlich ist die Situation in vielen Fällen nach wie vor noch in der Finanzberatung. Unterschiedliche Berater kommen zu unterschiedlichen Analyseergebnissen.

Durch die DIN-Normen gibt es eine Standardisierung des Analyseprozesses mit Individualitätsgarantie für die Analyseergebnisse auf Grundlage der individuellen Ausgangssituation des Kunden.

Im Optimalfall bekommt der Kunde von drei unterschiedlichen Beratern die gleichen Versorgungslücken und Bedarfe aufgezeigt, so wie von unterschiedlichen Laboren erwartet wird, dass sie die gleichen Blutanalyseergebnisse hervorbringen.

Welche Medikamente dann auf Grundlage der Analyseergebnisse gegeben werden, obliegt dem Arzt.

Genauso ist es in der Finanz- und Vermögensberatung. Kunde und Berater kennen die Analyseergebnisse und je nach Berater und Produktpalette bekommt der Kunde dann seine „Medikamente" zur Schließung seiner finanziellen Lücken oder zum Vermögensaufbau.

Nicht nur das, eventuelle Gefahren, zum Beispiel die der Überschuldung, werden frühzeitig erkannt und es kann etwas dagegen unternommen werden.

Wer sich mit dem Thema DIN-Normen näher beschäftigen möchte, wird bei „DEFINO Institut für Finanznorm" fündig. Das DEFINO Institut hat den sprichwörtlichen „Hut auf" und ist Initiator und Umsetzer der DIN-Normen für die Finanzwirtschaft. Auf der Homepage https://defino.de finden Sie folgende Beschreibung:

„Das DEFINO Institut für Finanznorm etabliert in Kooperation mit DIN verlässliche Standards in der Finanzberatung und zertifiziert DIN-konformes Verhalten." Und DEFINO wacht über die korrekte Umsetzung der Norm(en) zur Vermeidung von Missbrauch durch Etikettenschwindel.

Wichtig zu wissen hierbei ist:

Das DEFINO Institut bildet nicht aus, sondern zertifiziert nur. DEFINO ist TÜV und kann deshalb nicht auch Fahrschule sein. Die Ausbildung muss über andere Ausbildungswege erfolgen, damit es hier nicht zum Interessenkonflikt kommt. Eines dieser Ausbildungsinstitute ist die GOING PUBLIC! Akademie für Finanzberatung AG.

9.2   Statements aus der Branche

Ich konnte hierzu zwei interessante Interviewpartner für dieses Buch gewinnen: Dr. Klaus Möller, Vorstand der DEFINO Institut für Finanznorm AG, und Ronald Perschke, GOING PUBLIC! Vorstandsmitglied der Akademie für Finanzberatung AG.

Dr. Klaus Möller, Vorstand der DEFINO Institut für Finanznorm AG

Dr. Klaus Möller ist seit 1990 in der Finanzbranche tätig. Er war zunächst bei MLP als Kundenberater und später als Vorstand der Corporate University und Personalchef tätig und kam nach Stationen für ERGO international in Polen und der Türkei im Jahre 2011 zu DEFINO. Im Auftrag des Unternehmens ist er seit 2013 Obmann mehrerer Arbeitsausschüsse beim Deutschen Institut für Normung. Unter anderem moderierte er die Erarbeitung der ersten DIN-Norm für die Finanzberatung der DIN 77230 „Basis-Finanzanalyse für Privathaushalte". Das DEFINO Institut hat sich zur Aufgabe gemacht, die korrekte und vollständige Umsetzung von Finanznormen durch Zertifizierung von Beratern, Unternehmen und Software-Applikationen zu unterstützen.

Herr Dr. Möller, wer oder was genau ist die DEFINO und wie unterstützt die DEFINO Berater und Vermittler dabei, auch langfristig am Markt erfolgreich ihr Geld zu verdienen?

Das DEFINO Institut hat sich zum Ziel gesetzt, durch die Initiierung von sinnvollen DIN-Standards für die Finanzberatung zu höherer Effizienz und zugleich zur Erleichterung der Glaubwürdigkeit und Vertrauenswürdigkeit von Beratern und Vermittlern bei ihren Kunden beizutragen.

Wenngleich viele Vermittler ganz persönlich bei ihren Kunden gut beleumundet sind, so hat doch die Berufsgruppe insgesamt in der Gesellschaft nur geringe Reputation und genießt wenig Vertrauen. Die Verbraucher glauben, dass in der Branche „jeder sein Ding macht" und die Beraterinteressen vor den Kundeninteressen stehen. Da können Normen helfen; denn sie versprechen Objektivität und Neutralität der Arbeitsergebnisse.

Inwiefern besteht die Gefahr, dass durch die zunehmende Digitalisierung der Beruf des Finanzberaters bzw. des Finanzvermittlers ausstirbt?

Eine gute Finanzberatung ist so komplex wie das Leben, denn sie hat möglichst alle finanziellen Aspekte, Risiken und Notwendigkeiten des Lebens zu berücksichtigen. Es ist zu erwarten, dass künstliche Intelligenz in absehbarer Zukunft durch Dokumentation unserer Seitenaufrufe im Netz, Beobachtung unseres Kühlschranks und Aufzeichnung unseres Fahrverhaltens – falls wir dann noch selber fahren – mehr über uns weiß und das Wissen besser verknüpfen kann als die uns am nächsten stehenden Menschen. Und es ist zu erwarten, dass sie dann auch solche Komplexität inklusive aller irrationalen Facetten wie emotional getriebener Wünsche und Bedürfnisse erfassen und verarbeiten kann. Es wird aber sicher noch länger dauern, bis die Menschen ihre Vorbehalte dagegen aufgeben werden, sich vollständig in die Hand entsprechender Systeme und der dahinterstehenden Organisationen zu begeben.

Insofern dürften die Verbraucher für das, was in der Finanzberatung über einfachen Produktvergleich und Kauf hinausgeht, noch eine ganze Weile Berater in Anspruch nehmen wollen. Und für die einfachen Dinge werden kluge Finanzberater sich die Digitalisierung dienstbar machen und ihren Kunden die entsprechenden Instrumente in Form von Portalen und Plattformen zur Verfügung stellen.

Was ist die Zukunft? Honorarberatung oder Provisionsorientierung?

Hoffentlich beides. Beide Vergütungsformen haben ihre Stärken und Schwächen und beide sollen in der Finanzdienstleistung vorkommen.

Es gibt eine zunehmende Anzahl an Finanzberatern, die sich damit wohler fühlt, nicht über Provisionen, sondern ausschließlich durch Honorare von den Kunden entlohnt zu werden. Und das ist gut so. Es gibt ein wachsendes Portfolio an über die Pflichtleistungen hinausgehenden Angeboten wie der Betreuung fremder Verträge oder auch die neutrale und umfassende Finanzanalyse nach DIN 77230, die neben der Provisionsvergütung honorarwürdig sind.

Die Frage steht als Gegensatzpaar der Begriffe nur deshalb immer wieder im Raum, weil uns dogmatische Verbraucherschützer suggerieren wollen, dass die Form der Vergütung die Qualität der Beratung bestimmt. Und das ist Blödsinn. Es gibt höchst ehrenwerte Berufe, in denen seit Jahrhunderten auf Honorarbasis Fehlberatung stattfindet, und es gibt auch in der Finanzberatung bereits höchst fragwürdige Ansätze der Umsetzung von Honorarberatung, z. B. die Stornierung alter Lebensversicherungen, Abschöpfen des Beraterhonorars aus dem Rückkaufswert und Wiederanlage in Nettotarifen.

Die Vergütungsform allein ist ebenso wenig ein Qualitätsgarant wie die Qualifizierung. Beide zeigen nur dann positive Wirkung, wenn Rechtschaffenheit und Berufsethos sich zu ihnen gesellen. Ein hoher Grad an Qualifizierung kann bei fehlendem Ethos sogar zu einer gefährlichen Waffe werden.

Andererseits gibt es starke soziale Argumente für die Provisionsvergütung, z. B. die Mischkalkulation von kleinen Vergütungen aus kleinen Verträgen – in der Regel von Geringerverdienenden – und großen Vergütungen aus großen Verträgen – in der Regel von Besserverdienenden. Provisionen sind mithin ein Garant für die Versorgung der unteren Mittelschicht.

Es sei mir ein Hinweis erlaubt, der nicht unmittelbar mit der Frage im Zusammenhang steht: Die einzigen Qualitätsgaranten, die nicht zwingend die Verknüpfung mit Ethos benötigen, sind festgelegte, nicht manipulierbare Prozesse, z. B. die DIN 77230 „Basis-Finanzanalyse für Privathaushalte".

Welches sind die Produkte der Zukunft?

Die Produkte der Zukunft werden sicherlich individueller gestaltet und kalkuliert sein und persönliches Verhalten, Lebenssituationen und -gewohnheiten noch stärker berücksichtigen als die heutigen. Es wird ein anderes Verständnis von Solidargemeinschaft geben, das neben der Solidarität der individuellen Verantwortung mehr Bedeutung einräumt.

Und es wird – heute für die Verbraucher noch undenkbar – wahrscheinlich Produkte mit bedingungsloser Leistung geben: z. B. im Bereich der Mobilität. Man stelle sich den Zusammenstoß zweier selbstfahrender Autos vor. Wer hat Schuld? Wer soll in Haftung genommen werden? Der oder die Halter? Die Hersteller? Von was: der Sensoren oder der Bremsen oder …? Der oder die Wartungswerkstätten?

Wie können Finanzinstitute und Berater sich jetzt schon aufstellen, um zukunftsfähig zu bleiben?

Sie sollten sich die digitalen Möglichkeiten, die der Markt anbietet, zunutze machen, um effektiver zu arbeiten und einfache Abläufe an die Kunden zu delegieren. Die verstehen das nicht als Verlagerung von Arbeit, sondern als Einbindung und Schaffung von Transparenz.

Sie sollten sich der Standards und Normen bedienen, die langsam auch in der Finanzdienstleistung Einzug halten. Das macht sie vertrauenswürdiger, weil die Kunden nicht den Eindruck haben, dass jeder „sein Ding macht", und wird ihnen deshalb mehr Erlöse durch mehr Einblick und höhere Vertragsdichte einbringen – bei gleichzeitiger Erleichterung der Arbeit und höherer Haftungssicherheit.

Woran sollten Sie keinesfalls festhalten?

An dem jahrzehntelang kultivierten falschen Individualitätsverständnis: Die Branche hat Individualität wie eine Monstranz vor sich hergetragen und dabei immer das Recht des Beraters auf Selbstverwirklichung gemeint und nicht die Betrachtung, Erfassung und den respektvollen Umgang mit der Individualität der Kunden.

Im Fokus der Beratung hat freilich ausschließlich die Kundenindividualität zu stehen. Wer das nicht versteht, der wird sich überleben und von der Digitalisierung eliminiert werden. Denn darin ist die künstliche Intelligenz den Menschen überlegen: Sie kennt keine Befindlichkeiten und Eitelkeiten und pocht nicht auf ihre Authentizität.

Ein Blick in die Zukunft:

Wie arbeitet der Berater/der Vermittler im Jahre 2031? Wie und mit welchen Produkten verdient er oder sie das Geld? Wie wird die Beratung stattfinden (digital/analog)?

Der Blick in die Glaskugel ist immer schwierig, weil niemand von uns in die Zukunft schauen kann. Es spricht aber vieles dafür, dass die Menschen der Zukunft über ein größeres Vermögen verfügen als die heutige Generation – schon deshalb, weil zurzeit große Vermögen vererbt werden. Sie werden deshalb mehr denn je Wert legen auf eine gute, sichere und angemessen verzinste Kapitalanlage. Sie werden noch stärker an langfristigen Strategien interessiert sein, weil ihre Lebenserwartung steigt.

Im Zentrum des Interesses werden Kapitalanlageprodukte mit langfristigem Anlagehorizont stehen. An einer Garantie werden die Anleger der nächsten Jahrzehnte eher nicht interessiert sein, weil für sie die Garantie in der Langfristigkeit und in der marktbreiten Streuung der Kapitalanlagen liegt.

Die BU-Versicherung wird sich grundlegend wandeln und sehr viel transparenter sein als heute. Daneben werden Modelle entstehen, welche helfen, die Pflegekosten im Alter leichter tragen zu können. Zum Beispiel wird die Umwandlung von Wohneigentum in Alters- und Pflegerenten zunehmen.

Wahrscheinlich wird die Finanzdienstleistung auch um Assistenzleistungen erweitert, zum Beispiel um die Unterstützung bei der Suche nach geeigneten Altersruhesitzen in Gegenden der Welt, wo die Temperaturen angenehm sind und der Euro viel wert ist.

Ronald Perschke, Vorstandsmitglied der GOING PUBLIC! Akademie für Finanzberatung AG

Ronald Perschke ist Bankkaufmann und Diplom-Wirtschaftsjurist (FH). Als Vorstand und Gesellschafter der GOING PUBLIC! Akademie für Finanzberatung AG (www.going-public.edu) ist er seit 1990 in der Aus- und Weiterbildung für die Finanz- und Versicherungswirtschaft tätig. GOING PUBLIC! ist einer der Pioniere des digitalisierten Lernens in der Finanzbranche und begleitet aktiv die Entstehung von DIN-Standards. Als Vorstand der Initiative Ruhestandsplanung e. V. (www.initiativeruhestandsplanung.de) unterstützt er die Professionalisierung der Zielgruppenberatung von Kunden 50plus.

Herr Perschke, Sie sagen, dass die Zukunft der Finanzbranche ein Zweiklang aus standardisierten Abläufen und professioneller Kundenberatung sein wird. Was genau meinen Sie damit?

Spricht man mit langjährig tätigen Kollegen in der Finanzbranche, so hört man häufig pessimistische Aussagen: „Zu stark reguliert", „Provisionen/Courtagen schrumpfen", „Kunden werden immer anspruchsvoller", „Ich verwalte mich kaputt".

Dennoch gehört die Branche auch heute – nach diversen Regulierungswellen – zu den gut vergüteten Branchen. I. d. R. erreicht man als selbstständiger Vermittler mit einer erfolgreichen Produktvermittlung alle ein bis zwei Wochen (z. B. bei Lebens-, Rentenversicherungen, Kapitalanlageprodukten oder Finanzierungen mit durchschnittlichen Abschlusssummen) ein Einkommen oberhalb des bundesdeutschen Durchschnitts. Lassen sich diese Rahmenbedingungen ohne Einschnitte für die nächsten Jahre fortschreiben? Eher nicht: Kaum eine Branche, in der man quasi ohne notwendiges Anfangskapital einsteigen kann, kommt zu ähnlichen wirtschaftlichen Erfolgen. Zusammen mit den niedrigen Marktzinsen erklärt sich daher der anhaltende Druck auf Provisionshöhen und die vorsichtig entstehende Hinwendung zu Beratungshonoraren. Es stellt sich also die Frage: Hat die Branche eine Zukunft?

Denn andererseits gibt es in der Praxis auch immer wieder die genau entgegengesetzten Beispiele: Wachsende Vermittlungsunternehmen mit steigenden Einnahmen und Gewinnen! Was machen diese Kollegen anders? Welche Richtung muss ich selbst einschlagen, um bei einem Unternehmen anzuheuern bzw. ein eigenes Unternehmen zu gründen, welches in der Zukunft zu den Erfolgreichen gehört? Unternehmenserfolg verlangt heutzutage bei allen Prozessschritten Technik bzw. IT. Ein funktionierendes Techniksystem wiederum verlangt Standardisierung und Professionalität.

Technik, Abläufe, Preismodelle, Finanzierungsformen und Kommunikation müssen auf den Prüfstand. Das Problem: Nur wenige Akteure am Markt gehen diese Änderungen an. Hilfestellungen, wie man ein Unternehmen neu ausrichtet und zukunftsfest macht, gibt es nur selten und sie müssen gezielt gesucht werden. Gelingt die Transformation vom Vermittler zum echten Unternehmer, dann winken wunderbare Erfolge. Gut aufgestellte Unternehmen stoßen auf einen wachsenden Gesamtmarkt mit abnehmenden Anbietern. Eine Traumkonstellation!

Herr Perschke, es gilt also den Zweiklang von Standardisierung und Professionalität zu erreichen. Sind die neuen DIN-Normen ein guter Weg, um dahin zu kommen? Und wie sieht die Branche das aktuell?

In der Branche herrscht oft noch die Ansicht, dass nur Individualität professionell ist. Doch ist das richtig? Wenn Sie einen Elektriker bestellen, gehen Sie sicherlich davon aus, dass er die DIN-Normen und andere Normen seiner Branche kennt!? Und wenn Sie in ein Flugzeug steigen, was erwarten Sie von Ihrem Piloten? Ganz sicher, dass er beim Check vor dem Start seine Vorgaben und Standards berücksichtigt und nicht seine eigenen, individuellen Gedanken umsetzt! Unsere Erwartung zur Berücksichtigung von Normen und Standards prägt also das professionelle Bild dieser Berufe. Warum sollte das in der Finanzberatung anders sein? Um eine vertrauensfördernde standardisierte Beratungsgrundlage zu haben, hat die Branche vor einigen Jahren begonnen, DIN-Normen für bestimmte Bereiche der Finanzanalyse zu schaffen. Mit dem Ziel, Prozesse zu standardisieren, nicht jedoch Beratungsergebnisse. Die Kenntnis der Branchennormen sollte also Pflicht sein. Die Anwendung in der Beratungspraxis erfolgt, indem man die Ergebnisse der standardisierten DIN-Analyse als Gerüst nimmt und um das Gerüst herum die Beratung professionell gestaltet. Das kann auch bedeuten, dass man im Einzelfall für einen Kunden von einem Standard begründet abweicht. Für konzeptionelle Entscheidungen dieser Art benötigt man also in besonderem Maße Fachwissen und Beratungskompetenz.

Zusammenfassend gilt: Professionalität und Standardisierung bilden eine Einheit. Wichtig ist, sich in den Standards auszukennen und darauf aufbauend professionelle Beratungskonzepte zu erstellen. Durch die Standardisierung erreicht man eine höhere Effizienz (z. B. auch, weil bestimmte Prozesse sich technisch nur durch Standards umsetzen lassen). Mithilfe einer ausgeprägten Beratungskompetenz bindet man den Kunden durch hohe Zufriedenheit, da er eine vergleichbare Kompetenz nicht selbst durch „Online-Tools" nachbilden kann. Dieser Philosophie folgt auch unser Ausbildungsprogramm (www.akademie-fuer-finanzberatung.de): Neben umfassenden Qualifizierungen für Berater sind Kompaktlehrgänge zu den DIN-Normen im Angebot.

Welche DIN-Normen gibt es denn bisher in der Finanzbranche bzw. welche sind gerade am Entstehen?

DIN 77230 „Basis-Finanzanalyse für Privathaushalte"

*Diese Norm dient als transparente, einheitliche und neutrale
Basisanalyse der finanziellen Situation von Privathaus-
halten, in der bis zu 42 Finanzthemen aus den Bereichen
Absicherung, Vorsorge und Vermögensplanung die Grundlage für eine ganzheitliche und vertrauenswürdige Finanzberatung darstellen.*

*„Ganzheitlich beraten? Das mache ich doch schon! Was
brauche ich da eine Norm?" Das fragt sich sicher der eine
oder andere Berater. Andererseits entsteht immer wieder Ent-
setzen, was denn andere Berater ihren Kunden „antun" und
wie „falsch" diese bestimmte Prioritäten setzen. Ursache
ist, dass jeder Berater eine andere Sicht auf die Dinge hat.
Individualität ist wichtig. Wenn der Kunde aber am Ende
verwirrt ist, weil die Priorisierung seiner Belange durch jeden
Berater anders ausfällt, dann schwindet sein Vertrauen. In der
Folge hat unsere Branche insgesamt verloren.*

*Genau dem wollte auch der Expertenkreis der DIN durch
die Verabschiedung der DIN 77230 Anfang 2019 entgegen-
wirken, an der Big Player wie die Deutsche Bank und die
Allianz, Pools, Verbraucherschützer, Verbände und Wissen-
schaft teilnahmen. Dank der anerkannten Autorität des DIN
steigt die Kundenakzeptanz des Analyseergebnisses und der
daraus vom Berater abgeleiteten Handlungsempfehlungen
deutlich.*

DIN-Norm 77223 „Risikoprofilierung von Privatan-
legern"

*Seit Juli 2020 in der Erarbeitung. Ergänzt die DIN-Norm
77230 um eine erweiterte Vermögens- und Risikoanalyse
und unterstützt bei der einheitlichen und nachvollziehbaren*

Ermittlung der Risikobereitschaft und Risikotragfähigkeit von Verbrauchern und deren Risikostruktur des aktuellen Vermögensbestandes.

DIN-Norm 77235 „Basis-Finanz- und Risikoanalyse für Selbstständige sowie kleine und mittlere Unternehmen"

Diese Norm befindet sich in der finalen Erstellungsphase und soll im zweiten Halbjahr 2021 in Kraft treten. Ziel der Norm sind die Identifikation des Absicherungsbedarfs von Risiken, die Sicherstellung des betrieblichen Finanzwesens und die Finanzierung von Freiberuflern, Gewerbetreibenden, Selbstständigen, KMUs sowie Vereinen.

DIN SPEC 77233 „Standardisierte Finanzierungs- und Risikoanalyse von wohnwirtschaftlich genutzten Immobilien für Privathaushalte"

Seit Anfang 2020 erarbeitet ein Expertengremium eine DIN-Spezifikation (DIN SPEC) für eine transparente Finanzierungs- und Risikoanalyse von wohnwirtschaftlich genutzten Privatimmobilien zur Vereinheitlichung der Analyse des Bedarfs und der Finanzierungsoptionen privater Haushalte.

Wird der Berater durch solche Normen nicht überflüssig?

Ganz im Gegenteil! Die Norm ist wie ein Check, den eine Kfz-Werkstatt am Auto der Kunden vornimmt. Das Ergebnis ist eine standardisierte Analyse, was alles zu tun ist. Legen sich die Kunden im Anschluss selbst mit dem Schraubenschlüssel unter das Auto? Nein, dafür brauchen sie weiterhin Fachleute. Für die Finanzberatung gilt das Gleiche: Die echte Beratungsleistung setzt nach der Analyse an, sodass beim Berater neben Kenntnissen zur Norm profunde Lösungskompetenzen gefordert sind – und das stärker als zuvor! Denn *es werden meist mehr Handlungsfelder und Beratungsansätze offengelegt, als man ohne eine Analyse angenommen hätte. Eine Lösungskompetenz wiederum entwickelt man durch eine passende Beraterqualifikation, die sowohl Fach- als auch Handlungskompetenzen vermittelt. Wählen kann man z. B. zwischen generalistischen Qualifikationen wie „Fachwirt*in für Finanzberatung (IHK)" (der sowohl im Versicherungs- als auch im Anlage- und Finanzierungsbereich qualifiziert) oder Spezialisten-Qualifikationen (z. B. Zielgruppenqualifikation „Spezialist*in für Ruhestandsplanung (FH)").*

9.3   Fazit

Die DIN-Normen sind eine große Chance für Berater, sich am Markt mit Qualität, Service und Neutralität bei der Finanzanalyse durchzusetzen und langfristig in der Finanzbranche ein gutes bis hervorragendes Einkommen zu erzielen. Die Abwanderungsgefahr von Kunden zum Mitanbieter wird durch die Nutzung der Finanzanalysen nach den DIN-Normen massiv reduziert, weil ein Kunde zum einen ganzheitlich beraten wird und zum anderen die DIN-Normen eine entsprechende Beraterqualität mit sich bringen.

10

Resümee

Je mehr Menschen Sie fragen, desto mehr unterschiedliche Antworten erhalten Sie in der Regel. So ist es auch mit dem Blick in die Zukunft der Finanzbranche.

Ich habe für die Recherche zu diesem Buch verschiedene Experten aus der Branche interviewt, denn mein Ziel war es, Ihnen einen umfassenden Überblick zu geben und nicht nur meine persönliche Meinung zu präsentieren.

Die Antworten waren kunterbunt und teilweise ausgesprochen gegensätzlich. Von neun verschiedenen Experten habe ich die Antworten in diesem Buch notiert. Tatsächlich habe ich noch diverse mehr interviewt.

---

12 Top-Tipps, um auch in Zukunft als Berater am Markt existieren zu können

1. Entscheiden Sie sich, ob Sie zukünftig Generalist oder Spezialist sein wollen. Als Generalist brauchen Sie Spezialisten als Kooperationspartner an Ihrer Seite,

---

© Der/die Autor(en), exklusiv lizenziert durch Springer Fachmedien Wiesbaden GmbH, ein Teil von Springer Nature 2021
D. Landgraf, *Beratung in der Finanzbranche,* Fit for Future,
https://doi.org/10.1007/978-3-658-34951-6_10

als Spezialist können Sie entweder mit Generalisten kooperieren oder spezielle Marketingstrategien fahren, um an Ihre Zielkunden heranzukommen.

2. Machen Sie sich stets bewusst: Menschen wollen weiterhin von Menschen beraten werden, gerade bei komplexen Themen. Empathie, Vertrauenswürdigkeit, Loyalität und Ehrlichkeit werden sich – wie schon immer – auszahlen.

3. Bauen Sie sich ein gutes Netzwerk auf. Wer könnte ein guter Empfehlungspartner für Sie sein? Wer berät zum Beispiel einen Teil Ihrer Zielkunden in einer ganz anderen Branche? Der Klassiker: Ein Immobilienmakler ist Kunden „besitzer" für Berater aus der Finanzierungsbranche und umgekehrt. Bauen Sie strategische Partnerschaften auf.

4. Seien Sie auf den sozialen Medien präsent. Das schafft Vertrauen, Nähe und Bekanntheit. Überschneidend zu Punkt 3 könnten Sie sich mit Ihren strategischen Partnern auch gegenseitig supporten, zum Beispiel durch Posts für den anderen (es ist oft sympathischer für einen Leser, wenn Werbung für einen anderen gemacht wird als für sich selbst), aber auch durch das Teilen, Kommentieren und Liken der Beiträge Ihrer strategischen Partner.

5. Machen Sie Informationsveranstaltungen, die für alle Seiten einen Mehrwert bieten. So könnten Sie zum Beispiel eine Netzwerkveranstaltung organisieren, bei der Sie einen Vortrag halten. Oder wie wäre es mit einer Veranstaltung für einen guten Zweck? Alle Einnahmen kommen dann beispielsweise einer gemeinnützigen Organisation zugute.

6. Holen Sie bereits die Kinder und Jugendlichen mit dem Thema Finanzen ab. Das könnten nicht nur Ihre Kunden, sondern auch Ihre Mitarbeiter von morgen sein. Wie wäre es mit Veranstaltungen in einer Schule oder einem Sportverein? Oder Sie erstellen beispielsweise einen TikTok-Account zum Thema Finanzen für Jugendliche.

7. Frauen und Finanzen – ein Boomthema in 2021 und sicherlich noch in den nächsten Jahren. Ein Buch nach dem anderen erscheint zum Thema „Finanzielle Freiheit" oder „Finanzielle Bildung" für Frauen. Doch Frauen sind

nicht nur 50 % Ihrer potenziellen Kunden. Nach wie vor gibt es – meiner Meinung nach – viel zu wenig Frauen in der Finanzbranche! Lassen Sie sich Strategien einfallen, wie Sie Frauen für den Finanzvertrieb begeistern können.

8. Nutzen Sie die Möglichkeiten der Videoberatung für sich. Das erweitert nicht nur Ihren potenziellen Kundenkreis, weil die örtliche Nähe keine Rolle mehr spielt. Sie können durch regelmäßige, kurze Videocalls viel Nähe und Vertrautheit schaffen.

9. Ob Honorar- oder Provisionsberatung ist auch in der Zukunft weiterhin eher eine Frage der strategischen Ausrichtung des Einzelnen. Das hängt sicherlich auch von Ihrer Produktpalette, Ihrer Ausrichtung und Ihren Möglichkeiten ab, so viel Geld zu verdienen, dass es für ein angenehmes Leben auf dem gewünschten Niveau reicht.

10. Wer weiß, vielleicht sind die Verdienstmöglichkeiten in der Zukunft sogar noch viel besser als aktuell. Wie viele neue Produkte wird es in den nächsten Jahren geben? Welche neuen Beratungsfelder können mit hinzugenommen werden? Die Branche hat in den letzten 20 Jahren so viele Veränderungen erlebt, wurde so oft „tot gesagt" und hat sich dennoch weiterentwickelt! Wie viel mehr Freiheit bietet Ihnen auch diese neue Welt? Wer weiß, vielleicht sitzen Sie irgendwann mit Ihrem Laptop dort, wo Sie bisher nur Urlaub gemacht haben, und beraten Ihre Kunden von dort aus über Produkte, von denen Sie heute noch keine Ahnung haben, dass es sie geben wird.

11. Beschäftigen Sie sich einmal mit dem Thema DIN-Normen in der Finanzbranche. Hier sehe ich viele Chancen für zukünftige, qualitativ hochwertige Beratungen.

12. Achten Sie auf sich selbst! Sorgen Sie achtsam für sich, um langfristig voller Energie und mit viel Freude Ihren Beruf ausüben zu können!

Wer mit Zuversicht, Gelassenheit, Freude und Optimismus in die Zukunft schaut, strahlt dieses auch aus und wirkt anziehend auf Menschen.

Seien Sie genau die Persönlichkeit, die Menschen durch ihre Ausstrahlung und durch Kompetenz und Fachwissen in den Bann zieht! Dann werden Sie auch zukünftig erfolgreich Ihr Geld in und mit der Branche verdienen.

Im Laufe des Buches habe ich immer wieder einige vermeintliche Volksweisheiten eingestreut. Deswegen möchte ich auch mit einer dieses Buch beenden.

Wichtig

Auch wenn der Finanzvertrieb von manch einem totgesagt ist, denken Sie daran:
   Totgesagte leben länger!

In diesem Sinne wünsche ich Ihnen viel Erfolg und langfristig viel Freude in einer Branche, die ich selbst sehr liebe. Sie verbindet so viele tolle berufliche Möglichkeiten – angefangen von freier Zeiteinteilung über das Kennenlernen vieler toller Menschen bis dahin, dass die Verdienstmöglichkeiten nach oben nicht beschränkt sind! Machen Sie sich das in schwierigen Momenten immer wieder bewusst! Sie haben einen der tollsten Berufe der Welt!

Printed in the United States
by Baker & Taylor Publisher Services